LEOPOLDO ALAS, CLARÍN,
UN CLÁSICO CONTEMPORÁNEO

Leopoldo Alas, Clarín, un clásico contemporáneo
Miscelánea

YVAN LISSORGUES

Université de
Toulouse-Le Mirail

Luna de Abajo
Oviedo
2025

Colección Biblioteca Alas, Clarín
Dirigida por Ricardo Labra
1.ª edición: julio de 2025

EDITA: Luna de Abajo
Tels.: 984 201 771 / 654 292 946
lunadeabajo@hotmail.com
www.lunadeabajo.com

© DEL TEXTO: Yvan Lissorgues
© DE LA EDICIÓN: Luna de Abajo

DISEÑO: Pandiella y Ocio

D. L.: AS 01882-2025
ISBN: 978-84-86375-86-7

A Solange
A Ana Cristina
A Leopoldo
A Jean-François
A Ricardo

Índice

Advertencias y prólogo

En las primeras páginas de su último libro, *Escribir y crear; Clarín adentro*, publicado por la editorial de Oviedo Luna de Abajo, escribe Jean-François Botrel:

> La hipótesis principal de este libro será, pues, que una comprensión de la obra total de Leopoldo Alas, Clarín, no puede prescindir de un examen previo de la creación como práctica, en tanto que acto de escritura y proceso, como finalidad y función (alimenticia, demiúrgica y terapéutica), y, por decirlo así, como pulsión salida de lo más íntimo y secreto del creador o del hacedor de Oviedo y Guimarán.

No, no es una hipótesis, es una demostración absoluta de la necesidad de conocer todas las facetas de la creación y de los impulsos del creador. Gracias al libro de Jean-François Botrel, lo sabemos (o lo recordamos) todo en lo que atañe a la manera de escribir de Clarín, un zurdo muy nervioso de quien salen de la mano izquierda unos garabatos de penosa lectura para los cajistas irritados. Lo sabemos todo en cuanto a los regateos frecuentes con los directores de periódicos o con los editores sobre el precio de la entrega casi cotidiana que envía apresurado a la dirección del periódico.

Dicho sea de paso, se considera Clarín como un obrero de la pluma que debe ser retribuido por su trabajo. Es cosa nueva en España este reconocimiento del trabajo intelectual y el ejemplo de Zola en Francia fue, sin duda, al respecto un aliciente. También, dicho sea de paso, el hecho de que los directores de periódicos aceptasen la participación de Clarín a pesar de su mala letra y sus frecuentes y rabiosos regateos, revela que su firma estaba muy bien cotizada entre la gente del gremio y entre los lectores.

Así pues, es imprescindible la lectura del último libro de Jean-François y merece particular atención el capítulo titulado «La creación como catarsis», que es un estudio psicológico y psicoanalítico del periodista Clarín y del autor de *La Regenta*.

En cuanto a la obra periodística total de nuestro autor se debe saber que todo lo escrito por Leopoldo Alas, salvo las dos novelas *La Regenta* y *Su único hijo*, pasa primero por la prensa, incluso los cuentos.

Ahora bien, la primera advertencia que se impone es a propósito de una parte de la obra periodística, la denominada «crítica higiénica» o «policíaca» y la llamada «crítica gramatical». Casi todas ellas no sobresalen de la época en que se produjeron, hasta tal punto que, si solo hubiera sido Clarín un crítico de ese tipo, no merecería el título de «Clásico contemporáneo», aun cuando, tal vez, sea autor de la mejor novela del siglo XIX. Pues, como afirma Azorín: «Alas era ante todo, no un crítico literario, sino un filósofo y un moralista» (citado por Gonzalo Sobejano, *Forma literaria y sensibilidad social*, Gredos, 1967 p. 142). No podemos estar plenamente de acuerdo con Azorín, pues también es crítico literario y de alto nivel y basta evocar los estudios críticos de la obra de Galdós, y de otros escritores de la época. Se trata entonces de una crítica «seria» en que Clarín se revela también filósofo y moralista, teórico literario, buen conocedor de las literaturas, incluso europeas.

Su «crítica gramatical» y gran parte de la «crítica policíaca», no valen para la posteridad. Lo de «Palos a los académicos, a los poetastros y a los novelistas... *trastos,* en fin palos a diestra y siniestra» sanea, tal vez, el «clima» cultural de la nación, pero no engrandece la figura de Alas. De esa actitud de crítico agresivo, se arrepiente, de modo ambiguo el autor al final de su vida, cuando escribe, con humor lo que ha vivido en un sueño: «El mal que causa tu pluma es causa tuya por completo […], de ese daño de ese dolor. No engendres el dolor». Enseguida, al salir del sueño, afirma que «demostraré a la voz de marras que tengo derecho, y en cierto modo el deber de engendrar el dolor» (*Siglo Pasado*, pp. 5 y 59).

En cuanto a la crítica gramatical, la de vicios de lenguaje: incorrecciones, barbarismos, muletillas, lugares comunes, ripios, escribe Gonzalo Sobejano: «A algunos enjuiciadores no solo les provocaban indignación, sino lástima de que un espíritu tan capaz se entretuviera en tan menudas faenas» (Sobejano, *op. cit.*, p. 156).

Aceptadas esas salvedades, la obra periodística de Clarín es una multitud de artículos, o sea de fragmentos literarios acumulados solo según un orden cronológico que espera una clasificación temática que permita una lectura completa y coherente del conjunto. Es trabajo de los investigadores agrupar los fragmentos para que salga a plena luz el pensar y el sentir de Leopoldo Alas en cuanto a la política y los problemas sociales de la época, en cuanto a los problemas filosóficos o religiosos, en cuanto a los aspectos literarios, etc. Y atendiendo a la tan importante obra de creación que son las dos novelas *La Regenta y Su único hijo* y el centenar de cuentos (según Gonzalo Sobejano, Clarín es el inventor del cuento moderno).

Es lo que hemos hecho cuando hemos redactado, entre 1984 y 2013, los trabajos presentados en los varios congresos abiertos a la sazón. Solo que ahora son presentados como capítulos de un libro que pretende mostrar que Leopoldo Alas, Clarín, merece el título de *clásico contemporáneo*.

Son cinco capítulos:

CAPÍTULO 1: «Clarín periodista: lo épico y lo lírico en una escritura fragmentaria»

Estudio de los artículos como literatura fragmentaria y clasificación del contenido según la estética de Hegel que distingue lo épico de lo lírico.

CAPÍTULO 2: «La Naturaleza en la obra de Leopoldo Alas, Clarín»

La naturaleza asturiana vista y sentida por el autor. Un alivio veraniego en la vida de Leopoldo y un descanso también para el autor de este libro, aunque no llegue a saber de forma definitiva por qué viene la palabra, de vez en cuando, con mayúscula.

CAPÍTULO 3: «Leopoldo Alas, Clarín: un realismo de fronteras»

Fiel a la estética naturalista, hasta cierto punto, en cuanto a impersonalidad narrativa ante el medio ambiente y frente a los personajes, es el autor del siglo XIX más preocupado por el hombre interior, una realidad que el verdadero novelista no puede ignorar. Él se mete en los «interiores ahumados» y sigue andando por las galerías oscuras de sus personajes, movido por una empatía fuera de lo común, cualidad de que no hacen muestra los novelistas de su tiempo. Desde este punto de vista anticipa a Proust, aunque también tiene una precursora intuición del enrevesado lenguaje interior captado por Joyce; por ejemplo, el Magistral de *La Regenta*, un canónigo ateo y sin escrúpulos, pintado como personaje irónico en el ambiente de Vetusta, padece una introspectiva transformación por la atracción que sobre él ejerce Ana Ozores. En los cuentos, es donde se manifiesta aún más su empatía por los «interiores ahumados», como evidencian sus *Cuentos morales*, donde Clarín proclama su preferencial interés por el hombre interior.

CAPÍTULO 4: «Leopoldo Alas, Clarín, y la España
de su tiempo: Hacia una ética política, social y cultural
para la España futura»

Un análisis del sistema político, social, religioso y cultural de la Restauración, desde la perspectiva de un ciudadano interesado por el sentido del progreso humano y no solo técnico. Al respecto y a un siglo de distancia, la utopía de que habla Urbano Serrano se convirtió en una distopía, tras los horrores del siglo xx, de la que no hemos salido.

CAPÍTULO 5: «Leopoldo Alas, Clarín: un español
universal en el panorama europeo»

La curiosidad por lo que pasa en el mundo y particularmente en Europa no tiene límite. Ha leído y meditado sobre las obras de muchos escritores franceses: Balzac, Stendhal, Flaubert, etc.; Renan y Zola tienen en él «un altar». Conoce a Goethe, a Schiller, a Jean-Paul, a Leopardi, a los novelistas portugueses, etc.; y descubre maravillado a Tolstói. En una palabra, está siempre en espera de lo que viene de fuera, como demuestra su interés y curiosidad por las cuitas y los enredos de los cardenales de los Estados Unidos. Es realmente un europeísta en una Europa que le ignora.

Capítulo 1

Clarín periodista: lo épico y lo lírico en una escritura fragmentaria

La obra periodística de Clarín ha sido ya objeto de atención por parte de los estudiosos; debido a ello, varios aspectos resultan hoy bien conocidos tanto por lo que se refiere a la forma de los artículos desde los multifacéticos *Paliques* hasta las serias *Revistas literarias* y las líricas *Lecturas*, como por lo que hace a las ideas y al pensamiento político, social, filosófico y literario, estético (este último reordenado para mayor claridad), que vehiculan. Disponemos al respecto de una amplia bibliografía concentrada en las siete introducciones a los siete volúmenes que reúnen la totalidad de los artículos publicados por Clarín de 1875 a 1901. Dichas introducciones, redactadas por Jean-François Botrel, Laureano Bonet y un servidor, ofrecen una presentación completa de las varias facetas de Clarín periodista y de sus relaciones con el entorno e integran lo principal de los estudios anteriores de los mismos y de la pléyade bien conocida de otros investigadores, entre los cuales destacan José María Martínez Cachero, Sergio Beser, Simone Saillard, Adolfo Sotelo, Cecilio Alonso, Leonardo Romero Tobar, Noël Valis y otros muchos que directa indirectamente han echado en el asunto su cuarto a espadas. A estas alturas, pese a que solo desde hace poco esté a disposición de todos su entera producción periodística, Clarín es el periodista del siglo XIX más estudiado por ser quien es (y es, entre otras cosas, el autor de

La Regenta) y sobre todo porque, entre los escritores que se dedicaron al periodismo, es el más completo, el de más enjundia y el que maneja con asombrosa flexibilidad un estilo singular de muy variadas tonalidades.

A alguien puede que le suene a insólita novedad el título propuesto para esta ponencia, cuyas tres expresiones claves necesitan previa y breve explicación. «Lo épico» y «lo lírico» son categorías procedentes de la vieja estética hegeliana, que sigue siendo interesante y en este caso muy operativa. El personaje épico es, según Hegel, el que quiere imponerse en el mundo, imponer sus ideas con afán de hacerlas dominantes; el personaje lírico, por su parte, se vuelve hacia adentro para decir lo que experimenta y para confesarse. En lo esencial, ¿no pueden verse los artículos de Clarín como expresión de una oscilación casi constante entre la lucha contra las imperfecciones de lo de fuera a partir del propio ideario y la afirmación de un yo que no oculta su presencia activa, no disimula su implicación y no reprime asomos confesionales? Si es así, Clarín periodista es, *esencialmente* repito, un yo épico enlazado más o menos armónicamente según el momento con un yo lírico.

Este aspecto será objeto de atención en la segunda parte de este trabajo.

Lo primero, en efecto, es la forma elegida o impuesta, la forma por ser forma es fondo, como escribió atinadamente Gonzalo Sobejano. ¿Qué es la obra periodística de Clarín? Siete tomos, unas nueve mil páginas, equivalentes en cantidad de signos, según el experto cómputo de Jean-François Botrel, a quince *Regentas* (1); en fin, más de 2.400 entregas, procedentes de unos setenta periódicos. Conviene recordar que la entrega era la unidad de publicación y de retribución, o sea las dos o tres columnas que daban forma impresa a las varias cuartillas que casi a diario mandaba Clarín a tal o cual periódico. Hay artículos de una entrega, pero los hay de dos, tres y hasta diez. Esto quiere decir que la obra periodística de Clarín se presenta hoy, en los siete tomos de lo que podemos llamar los *Artículos completos*, como un conjunto de textos más o menos largos ordenados según el orden cronológico de aparición en la prensa de la época; un conjunto de fragmentos de temas variados y de diversas tonalidades estilísticas, yuxtapuestos en aparente desorden. Pero conviene descartar los artículos dedicados a la crítica, a la «crítica policíaca», a la «crítica higiénica», que no son pocos en el conjunto de la obra de Clarín. Si tomamos en cuenta esta salvedad, los artículos «serios» pueden ser un ejemplo más de lo que la crítica moderna llama *literatura fragmentaria* y autoriza hasta cierto punto y con muchas puntualizaciones la comparación con algunas obras famosas de esta clase de literatura como, pongo por casos, los *Pensamientos* de Pascal, el *Diario íntimo* de Amiel, el *Athenaeum* de Schlegel, los *Ensayos* de Montaigne. Propongo pues, en un primer momento, estudiar la obra periodística de Clarín como literatura fragmentaria, sin olvidar que el aparente desorden es en gran parte resultado de los imperativos de la prensa.

Pero la cuestión fundamental es saber si bajo el desorden aparente de los fragmentos hay un pensamiento, un ideario, una filosofía, o sea un orden original coherente a cuya luz el desorden aparente se vea como un fecundo proceso escritural, a partir del cual se pueda hablar de lo épico y lo lírico en la obra periodística de nuestro autor.

La obra periodística de Leopoldo Alas como literatura fragmentaria

Formalmente, más o menos, una tercera parte de los siete tomos de *Artículos completos* se parecen a las obras antes citadas de Montaigne, de Pascal, de Friedrich Schlegel, y

más aún a *Fragmentos de un diario íntimo* de Henri Fré-
déric Amiel. Poco importa que Montaigne dé un título a
cada fragmento que él llama capítulo, que Pascal numere
los suyos, que Amiel se limite a dejar espacios de separación
entre las varias secuencias y que Clarín ponga a sus artículos un título temático o el título genérico de la serie a la que
pertenece el artículo, o sea *Palique, Sátura, Revista mínima,*
Como gustéis, Revista literaria, Lecturas, Vivos y muertos,
etc. Todas estas obras y otras, pues se podría aducir a las de
Jean-Paul Richter, de Nietzsche, etc., son una yuxtaposición
de textos más o menos largos sin relación temática aparente.
Por este motivo cada uno a su modo entra en la categoría de
la literatura fragmentaria.

Cada día, o mejor dicho cada noche, como dice Botrel, en
su cuarto de la pensión madrileña, en la biblioteca del Ate-
neo, en el saloncito de algún teatro, en al casino de Oviedo,
en el despacho de su casa, o en cualquier sitio que ofrece
oportuno asiento, Clarín periodista echa en el papel los debi-
dos renglones del *Palique* impuesto por el compromiso o,
cuando está para ello, redacta con menos prisa una *Lectura*
o una *Revista literaria*, un diálogo más o menos edificante,
un cuadro de costumbres literarias, políticas o sociales, un
cuento o parte de un cuento ya pensado, ya «rumiado»; así
pues, desde 1875 y hasta junio de 1901, con unas medias
vacaciones periodísticas en 1883-1884 y gran parte de 1885,
empleadas en la redacción de su gran novela, Clarín es «principalmente periodista», como confiesa en 1899 (2), hasta
llegar a decir en son de broma que lo es «de nacimiento».

Su actitud no es parecida a la de Montaigne que, durante
toda la vida, se aparta cada día en el ambiente reposado de su
«librería» para redactar un capítulo o un párrafo de capítulo
o a la de Amiel, que cada día después de su clase llena unas
cuantas páginas de su diario, dando forma a la impresión

dominante del día o a la idea que entonces se le impone. En cuanto a actitud, la comparación tiene sus límites. El sabio Montaigne sabe que hay que dar tiempo al tiempo; no se apresura, vuelve a leer con calma lo escrito, enriquece constantemente su texto con nuevos ejemplos, nuevos argumentos para ofrecer al lector un *ensayo* cada vez más perfecto. Lo mismo hace Amiel, aunque sin pensar en el lector pues él no escribe para ser leído sino para satisfacer una íntima necesidad; para él la escritura es un refugio, el desquite del escritor fracasado.

Clarín al contrario escribe de prisa y para ser leído al día siguiente. Se somete con gran flexibilidad a la ley del periodismo que impone su ritmo: pensar de prisa, escribir de prisa, para que el artículo llegue a tiempo a la redacción y sea pronto pasto del lector. Lo que distingue el fragmento de Clarín del de los autores citados es el dinamismo que encadena las palabras, y que es el rítmico trasunto del dinamismo de un pensar ágil que impone el compás a una torpe mano izquierda encargada de garabatearlo, y culpable, por tanto, de muchas erratas. Guardando las proporciones y sin cualquier asomo de comparación, Nietzsche es el autor fragmentario, por decirlo así, cuya obra va movida por un dinamismo algo parecido; en solo un año, 1888, redacta sin parar verdaderas obras maestras: *Contra Wagner, El crepúsculo de los ídolos*, el *Anticristo, Ecce homo*. Pero cada libro del autor de *Así habló Zaratustra* es la progresiva construcción, por la yuxtaposición de fragmentos relativamente unitarios, de una obra en torno a una idea sintetizada en un título. El fragmentarismo, modo de expresión elegido por Nietzsche, es como una afirmación de libertad que, al licenciar las trabas retóricas de la construcción argumental, rechaza cualquier posibilidad de sistema y deja la obra abierta.

Si se agruparan por temas los artículos de Clarín se conseguirían unas cuantas obras unitarias que aceptarían un título abarcador del conjunto, por ejemplo: «Galdós», «Emilia Pardo Bazán», «Pereda», «Socialismo y socialistas», «Cuba», «Filosofía asistemática», etc. Unas cuantas obras parecidas en cuanto a la forma, solo en cuanto a la forma, a las de Nietzsche, están en potencia en la confusión desordenada en que yacen los artículos clarinianos.

Una de las características comunes, en efecto, a las obras fragmentarias, aparte la de Nietzsche, es el desorden. Si la extensa obra de Amiel (de 17.000 páginas) es un testimonio de su tiempo, de la sociedad y de los hombres, del movimiento filosófico, literario y artístico, es también el reflejo de la excepcional personalidad de un autor que no pudo realizar sus deseos de creación literaria. Pero en su *Diario* todo se da sin orden, en fragmentos yuxtapuestos y a veces se mezclan en un mismo texto varios temas. Los *Ensayos* son una larga serie de capítulos relativamente homogéneos, pero totalmente independientes entre sí y que solo termina con la muerte del autor. Pascal dejó en tal hirsuto desorden sus «Pensamientos», que los editores modernos han intentado reagruparlos y con acierto, bajo ciertos sugestivos epígrafes: «Pensamientos sobre el espíritu y sobre el estilo», «De la necesidad de la apuesta», etc.

Los artículos de Clarín recogen descontextualizados los textos periodísticos según el orden cronológico, que es un absoluto desorden temático y hasta cierto punto formal; digo hasta cierto punto por lo que hace a la forma, porque si bien es singular e inconfundible el estilo de Clarín, también es muy diverso el registro de sus tonalidades, desde lo jocoso y lo irónico hasta lo serio y grave, pasando por lo agrio y lo hiriente, así como por las delicadezas líricas. Un crítico francés contemporáneo dice que es «atlética la escritura fragmentaria» (3);

continuando la metáfora podría decirse que Clarín es «un acróbata de la pluma» por ser capaz de escribir en una misma semana, tal vez en un mismo día, un «Palique» muy ligero y chispeante y una «seria» «Revista literaria» o un trozo de una poética «Lectura». Es muy consciente Clarín de que captar al día algo de literatura, algo de política, algo de religión no puede hacerse de modo sistemático, sino con una flexibilidad que permita ceñirse a las varias contingencias. No puede haber método riguroso: «Una mitología exagerada [de orden y clasificación] ha echado a perder muchas cosas [...]. Señores, ya lo dijo Quintiliano, el excesivo afán de análisis metódico, de divisiones y subdivisiones, de llaves y encasillados, en vez de aclarar, oscurece, esteriliza» (4).

El desorden formal de esas colecciones de textos fragmentarios, y los *Artículos completos* de Clarín son una de ellas, es total y su global incoherencia temática no tiene lógico punto final. No le es dado al autor terminar voluntariamente la serie, que, cuando muere, queda abierta; de ahí surge la impresión en el lector de obra incompleta, no acabada. Además, el término mismo de fragmento remite a desintegración, dispersión, pérdida. El fragmento más elaborado es siempre perfectible, como muestran las constantes enmiendas que Montaigne añade a los capítulos.

Los artículos de Clarín, por ser fragmentos troceados por los imperativos de la prensa, incluso en el caso de los artículos largos publicados en varias entregas, dan casi siempre la impresión de estar incompletos. No todos tienen la perfección de las «Lecturas» que globalmente proceden en este caso de una intención, de una filosofía podría decirse, clara y previamente explicitada (5). Los setecientos «Paliques» desgranados a lo largo de los años en todos los periódicos, salvo en *El Imparcial, La España Moderna* y *El Español,* donde hubieran desentonado, compuestos en su mayoría de fragmentos más cortos, a veces de una sola línea, son los artículos que menos hacen echar de menos una síntesis pues son los que llevan más escorias, por lo menos para el lector de hoy. Muchas «Revistas mínimas» y muchas «Revistas literarias» terminan en seco y este final trunco parece expresar un deseo de síntesis que no llegó a cumplirse; por ejemplo, la cuarentena de serios y sentidos estudios dedicados a las novelas de Galdós, conforme van publicándose desde 1876, están en espera de una amplia síntesis sobre el arte del novelista predilecto. Una síntesis que supere los análisis encerrados en los varios artículos que pueden considerarse como fragmentos de una potencial totalidad. Cuando se reúnen todos los artículos dedicados a las novelas de Galdós, como en el tan útil libro de Adolfo Sotelo (6), es decir cuando se supera la dispersión, se perciben mejor las líneas de fuerza de la crítica clariniana, pero al lector o al estudioso es a quien le toca completar, a su modo, lo que el crítico dejo sin concluir; es precisamente lo que hace Adolfo Sotelo en la introducción a la obra antes citada.

Casi lo mismo pasa con los estudios dedicados a Valera, a Pereda, a Emilia Pardo Bazán a Armando Palacio Valdés; digo casi porque por lo que se refiere a estos novelistas la atención crítica de nuestro autor es menos absoluta, aunque muy rigurosa y pertinente. En cuanto a doña Emilia, el libro antológico de Ermitas Penas (7) hace juego hasta cierto punto con el de Adolfo Sotelo citado atrás; el prólogo de Ermitas Penas y el estudio de Marisa Sotelo, titulado «Clarín y Emilia Pardo Bazán» (8), suplen la síntesis que no pudo hacer Clarín y le permiten al lector reconstruir la historia de unas relaciones literarias complicadas por impurezas afectivas y conflictivas que a Clarín no se le ocurrió sintetizar. Ni siquiera estaba programada en «Vivos y muertos» una biografía «mínima» de doña Emilia.

Ya que se habla de lo inacabado como rasgo característico de la literatura fragmentaria, conviene fijarse en algunos de los varios proyectos anunciados por el periodista Clarín y solo en parte llevados a cabo. Entre los numerosos ejemplos que se ofrecen, tres pueden bastar.

La serie «Vivos y muertos» se anuncia en 1891 (*Madrid Cómico*, 21 de marzo) en un «prólogo» como proyecto de presentar una «iconoteca de miniaturas literarias», de las que publica, de vez en cuando, algunas semblanzas. Luego se interrumpe la serie, que vuelve a aparecer en 1897 —en esa ocasión en el *Heraldo*— con un nuevo «Prólogo» en el que el autor manifiesta el deseo de reunir y completar al cabo de algún tiempo esos textos que él mismo llama fragmentos: «Muchas veces no se tratará más que de fragmentos de escritos que saldrán completos en libro que ha de contener todos estos artículos de crítica biográfica» (9). Varios meses después se abandona el proyecto y, por supuesto, no se publica el libro.

Otro ejemplo de serie que se anunciaba como un ensayo de gran interés es el que se inicia en *La Correspondencia de España* el 16 de junio de 1892, con el título «La cuestión de España. Revista mínima de educación e instrucción pública... y privada», y que desaparece después de la segunda entrega. El 14 de septiembre en las primeras líneas del artículo en que reacciona con urgencia al problema del doctorado de Derecho, pide disculpas por tener que suspender la revista anunciada. Pero no hay continuación, a pesar de que el resumen que encabeza la primera entrega se presenta como un programa bien pensado.

Al iniciar de nuevo su colaboración en *La Publicidad*, el 26 de mayo de 1888, anuncia que tratará en sus «Revistas mínimas» «cierta cuasi política, cierta cuasi filosofía, cierta cuasi religión, sin contar con otros cuasi». Y añade:

«Procuraré que detrás del aparente desorden de mis artículos haya un propósito ordenado, una idea general que pueda destacar cuando al cabo de un año, por ejemplo, junte en un tomo mis 'Revistas mínimas' y resulte una especie de índice comentado, de sumario razonado de la vida intelectual». Buen programa y a la par interesante confesión de la clara conciencia del desorden y de la correlativa voluntad de ordenarlo. Por desgracia no pudo cumplir la promesa de juntar cada año en libro sus «Revistas mínimas». Pero, así y todo, constituyen en su conjunto fragmentario y disperso un «sumario razonado de la vida intelectual» de la época y no solo española sino europea, americana, etc.

Clarín periodista, escritor fragmentario, es víctima de su curiosidad intelectual, de su dinamismo, y también de su deseo de estar presente en todos los frentes posibles. No rechaza ninguna oferta de colaboración, con tal que se le pague. En 1897, su firma sale en catorce periódicos de muy distintas orientaciones estéticas o ideológicas, desde la inoxidable revista festiva *Madrid Cómico* hasta *Los Lunes de El Imparcial* de alto nivel literario, pasando por *Heraldo de Madrid*, *El Diario de Canalejas*, *La Publicidad*, órgano en Cataluña del republicanismo posibilista, su *Casa* y etc. Según el compromiso, tácito o formal que tiene con cada uno, debe enviar el artículo en la fecha señalada; y aunque se esfuerza, la mayoría de las veces no logra cumplir con esta obligación.

El artículo es expresión de una reacción ante un hecho político, social o literario, vertida en una horma hospitalaria, solo limitada concretamente por la dimensión de la columna que le corresponde en la página impresa y moralmente por la orientación ideológica o estética del periódico, que el periodista tiene que respetar. El hecho de colaborar simultáneamente en varios periódicos explica la heterogeneidad temática y tonal de la colección de los *Artículos completos*.

A diferencia de los demás autores de fragmentos antes aludidos, el periodista Clarín está en estrecha dependencia del entorno político y literario que predetermina sus temas e impone su reacción, más o menos, inmediata. El peso determinante de la urgencia y la necesidad de atender a todo explican en gran parte las vacilaciones, el olvido de proyectos anunciados (y son numerosos), las interrupciones de series...

Sin embargo, los fragmentos yuxtapuestos van enlazados por el dinamismo de un estilo que ilumina las cosas al comunicarles el calor de una personal y apasionada asimilación. Por eso, solo por el estilo, el aparente desorden es ya en cierto modo «fecundo desorden» (10). Pero fecundo es el desorden también por otros motivos más... profundos.

Es de observar, a propósito de las series anunciadas, que si se puede concluir que una no está acabada es porque de antemano se ha pormenorizado el proyecto a partir de una visión total plasmada por el dinámico deseo de realizarla, pero como irrumpen otros proyectos empujados por otros tantos deseos igualmente movilizadores de energías, ocurre que se debilita el proyecto anterior para dar vida al nuevo. Bien sabemos que es una faceta del talante de Clarín. ¡Cuántas novelas, cuántos dramas nonatos o embrionarios, cuántos folletos y artículos anunciados han quedado letra muerta o sin terminar! El exceso de creatividad de un hombre apasionado e inquieto, que no consigue siempre dominar el ritmo impuesto por los imperativos de la prensa, puede explicar esas fallidas o imperfectas realizaciones de deseos intelectuales.

Asistematicidad de la escritura fragmentaria

Dispersión, heterogeneidad temática y a veces tonal, carácter abierto por quedar la obra incompleta, inacabada, son algunas características de la literatura fragmentaria. Parecen negativas, porque se compara indebidamente esta manera fragmentaria de escribir con otro tipo de literatura, más «literariamente correcta», como la larga obra ensayística o filosófica bien estructurada, de perfecto encadenamiento argumental, con introducción, conclusión y transiciones. Sin embargo, la escritura fragmentaria manejada por el genio ha dado obras imborrables, monumentos del pensar y por eso verdaderos clásicos, como los *Ensayos*, los *Pensamientos*, la obra de Nietzsche, etc. Y, es más, parece que esta forma es la más adecuada al pensamiento asistemático. Montaigne, Pascal, Nietzsche, y otros pensadores, libres todos del «espíritu geométrico», como decía Pascal, para huir de las redes de cualquier posible sistema que pudiera engendrar su propio pensamiento, han elegido la forma libre del fragmento que escapa a las trabas argumentales.

Hay, en efecto, dos clases de filósofos, los sistemáticos que se pasan la vida construyendo en las alturas un sistema perfecto, cerrado y desde luego sin salida, y los que se dejan llevar por el ir y venir de su pensamiento articulado siempre con la complejidad de la vida, sin tomar nunca el camino de la pura abstracción intelectual. «Sistematizar [escribe Françoise Susini-Anastopoulos en su importante estudio de *La escritura fragmentaria*] no es comprender, pues nada vale el sondeo focalizado en el fragmento para alcanzar, como por inmediata intuición, lo vivo del objeto» (11).

Para ilustrar el propósito bastaría poner en cotejo la obra de Montaigne o de Nietzsche y las ciudadelas hegelianas o kantianas. Esto no quiere decir que Montaigne, Pascal o Nietzsche no tengan su filosofía y su metafísica, pero están implícitas, como dispersas y disueltas en los fragmentos de los cuales son la levadura.

Mi intención no es disertar sobre tan crucial y vital problema, nada nuevo por demás. Pero era necesario el rápido y superficial rodeo por las obras de algunas eminencias del fragmentarismo, para mostrar que Leopoldo Alas periodista es un escritor, un crítico, un filósofo asistemático, cuya obra, dispersa en setenta y dos periódicos, asume las consecuencias de un asistematismo casi impuesto en su caso por el modo de publicación y de producción elegidos. Y repito, para que no se me tache de hiperbólico, que no se trata para mí de insinuar cualquier idea de comparación. Sería ridículo pretender alzar la total producción periodística de Alas a la altura, pongo por caso, de los *Ensayos*, libro por él tan admirado. Aunque tal vez, podando y podando para quitar los artículos más volátiles, y entre ellos tantos *Paliques* ilustrativos de un vital ¡y tan festivo! juego lingüístico, pueda seleccionarse un conjunto como «Libro de sabiduría», en el que tendrían su debido puesto algunas «Revistas literarias» y «Revistas mínimas» monotemáticas, casi todas las «Lecturas», algunos «Prólogos» a obras ajenas como el dedicado a *La lucha por el derecho* de Ihering, a *Los héroes* de Carlyle, a *Resurrección* de Tolstói, sin olvidar los artículos «El libre examen y nuestra literatura presente», «La Leyenda de Oro», las «Cartas a Hamlet» y no pocos más espigados en toda la obra periodística. Tal concentración haría más visible en los textos reunidos una filosofía social y cultural y una metafísica verdaderamente original por su personal asistematismo (12).

Clarín es quien supo expresar mejor que nadie y en vigoroso lenguaje metafórico la oposición entre el pensar libre y la presión del sistema:

Está por demostrar [escribe en «Cartas a Hamlet»] si es mejor ser filósofo sistemático que filósofo esporádico, fragmentario, de ocasión. […] No falta quien encuentre menos expuesto filosofar como Platón, o el mismo Renan, que encerrarse en la fortaleza aislada de un sistema provisto de todo el armamento de las hipótesis exclusivas y vigorosamente técnicas. El que se mete por los *Diálogos* adelante va confiado, porque, ni un momento, volviendo la cabeza, deja de ver detrás de sí la entrada, que puede ser si quiere, la salida; pero en las encrucijadas de casamatas, bastiones, fosos, trincheras, etc., etc., del criticismo, del positivismo de Comte, de la evolución spenceriana, del idealismo hegeliano, ¿quién una vez allí emboscado encuentra la salida? Por eso, entre un sistema (que no sea el de la absoluta certeza) y una filosofía de guerrillas, es acaso preferible esta última, desde el punto de vista de la independencia personal (13).

No puede decirse de mejor manera que frente a la pretendida perfección abstracta del sistema, el fragmento es la expresión modesta y concisa del hombre que busca y se busca. Por eso el fragmento o el artículo, en el que el autor «mariposea», como a Clarín le gustaba decir, en torno a una idea filosófica, o en el que el crítico estudia una novela, un drama, un ensayo o diserta sobre un hecho social o político, no cierra la puerta a nada, no se depura de la subjetividad ni rechaza el *lirismo*.

Pero es fundamental comprender que, si el fragmento es la mejor garantía formal de la «independencia personal» reivindicada por Clarín, su formulación implica una concepción del hombre, de la sociedad, del arte; es decir, una filosofía y una estética coherentes y relativamente unitarias, por muy asistemáticas que sean. El desorden fragmentario es pues la manifestación visible y más o menos ocasional de un pensamiento más profundo o, dicho de otra manera, de un orden conceptual fecundo, pues es el núcleo desde donde brota un pensar que se ensancha cada vez más al enfrentarse con las realidades del mundo.

En última instancia el fragmento es siempre la plasmación de una dialéctica entre lo de fuera y lo de dentro, entre una realidad externa y una verdad personal estructurada por principios, concepciones morales y metafísicas y por complejas e ideales aspiraciones. El fragmento está informado por la filosofía del autor o parte de ella. Y siempre es así incluso en el caso del fragmento mínimo que es el aforismo. Los *Ensayos*, por ejemplo, son una variación casi infinita en torno al humanismo escéptico de Montaigne, cuyo *diletantismo* deja transparentar los firmes principios de una moral de la conciencia. En los *Pensamientos* intenta Pascal a partir de múltiples casos y observaciones conciliar en la religión cristiana las oposiciones entre el pecado y la gracia. En cada obra de Nietzsche la serie de fragmentos está estructurada por una idea que brota de un deseo iconoclasta de romper moldes tradicionales; el conjunto de esas ideas forma una filosofía como cualquier otra, pero tan compleja que me confieso incapaz de sintetizarla en cuatro palabras y remito a más expertos estudiosos, por ejemplo, a Gonzalo Sobejano en la segunda edición de su *Nietzsche en España* (14).

Bien sabemos que bajo el desorden de los *Artículos completos* de Clarín pulsa el orden fecundo de una concepción del hombre y del mundo y por ende del arte, firme en algunos principios básicos, pero en constante enriquecimiento. Para resumir lo que se argumentó un libro entero (15), me limitaré a recordar que esos principios básicos proceden, en gran parte, como ha mostrado también Adolfo Sotelo (16), de la asimilación e integración en la propia personalidad de las fundamentales orientaciones de la filosofía y la metafísica krausistas transmitidas por las enseñanzas de Francisco Giner y Salmerón: idea del progreso de la humanidad, sintetizada por Krause a partir de la filosofía hegeliana y herderiana de la Historia; consecutiva concepción de la perfectibilidad del ser humano por la cultura; rectitud moral encaminada a buscar en todo la autenticidad y de la que deriva una estética articulada en una ética. Estos principios, que no funcionan como tales, pues son elementos integrados en la idiosincrasia de Alas, informan una filosofía abierta y, por tanto, evolutiva, que cada vez más intenta armonizar el pensamiento científico y social moderno con el cristianismo original, y cada vez más indaga la intuición del misterio con la incertidumbre de la duda.

Los artículos de Clarín son el campo de una cotidiana lucha altruista contra cuanto se opone a tal concepción profunda del hombre y de la sociedad; lucha épica de un yo que se implica totalmente, como subjetividad que piensa y como inteligencia que siente, al enfrentarse con los obstáculos que se oponen a la mejora de la colectividad.

Lo épico y lo lírico en los artículos de Clarín

Si se impusiera la obligación de caracterizar en dos expresiones la obra periodística de Clarín, podría proponerse *lucha fecunda* y *fecunda poesía*, tomando poesía en el sentido amplio de percepción personal de las cosas y de la vida con afán de totalidad hasta las últimas intuiciones de lo inefable. La actitud de Nietzsche, según confesión propia repercutida por la crítica, se sintetiza en la oposición entre lo apolíneo y lo dionisiaco; pues bien, parece que la obra de Clarín es también reflejo de dos tendencias idiosincrásicas, una de impetuosa fuerza vital, o mejor dicho intelectual, propia de lo dionisíaco, aunque en su caso sin la dimensión orgiástica, y otra de serenidad y equilibrio digna de Apolo. Esas abstracciones aforístico-mitológicas dicen indudablemente algo esencial que exige unas previas explicaciones más allá de sus provisionales y pedantes conclusiones.

La primera faceta que presenta la obra periodística de Clarín es la de la lucha. Lucha constante contra el sistema y los hombres de la Restauración; contra la constitución de 1876 y particularmente el artículo II que mantiene de manera ambigua y solapada la preeminencia de la iglesia católica y la no separación de dicha Iglesia y del Estado; contra la corrupción generalizada, cuyo paradigma es el caciquismo, y correlativa a la denuncia de los hombres, agentes y beneficiarios del corrupto entramado. Lucha permanente contra la institución católica petrificada en dogmas discutibles y manejados como armas ofensivas por un clero funcionarial y muy poco religioso. Lucha encarnizada contra la mala literatura y la mala prensa que no aportan nada a la conciencia colectiva, pervierten el gusto del pueblo lector y hasta le hacen perder la poca gramática que tiene. Lucha contra los anarquistas, los falsos librepensadores… que no piensan, los fanáticos de todos los bandos, los impostores como lo son muchos académicos. Lucha, pues, y no hay que insistir porque lo que se acaba de resumir se ha estudiado y desarrollado en un sinnúmero de libros y artículos (17).

Solo es de añadir que esos combates los emprende un yo épico que toma a su cargo los intereses de la colectividad, y no importa en la naturaleza del combate que los ideales y valores que le mueven sean los propios, porque estos los comparte un amplio sector de la intelectualidad progresista del momento, del que Clarín es uno de los mejores portavoces y tal vez el más preclaro paladín. La épica no es solo cosa de los tiempos remotos; en el mundo moderno muchos combates reales y sangrientos podrían dar lugar a un poema épico si la colectividad pudiera aceptarlo y, por lo tanto, generarlo. También los tiempos de paz relativa —como en los que vivió Clarín— necesitan un impulso épico para luchar contra todo lo que se opone a la mejor realización posible del hombre. La fecunda utopía es de todos los tiempos; pero dejo aquí por su complejidad este escorzo de disertación general, pues por ese camino se va a demasiadas partes.

El yo épico de Clarín tiene en manos todas las armas tradicionales del poema épico: la ironía, el sarcasmo, las crudezas burlescas, toda la gama del humorismo desde la nota jocosa (el *Witz* de Schlegel y de otros autores fragmentarios alemanes, el *trait d'esprit* de los franceses) hasta la contumelia. En ese constante combate se nota, según pasan los años, cierta evolución del yo épico que, sin deponer las armas un solo momento, las maneja con temple distinto. La fogosidad agresiva de la juventud pierde poco a poco ímpetu, pero la fuerza empleada en la lucha se hace cada vez más pensada, más certera y, desde luego, más eficaz.

Luchar contra las lacras sociales, las insuficiencias humanas de los que presumen, sean escritores, políticos, cabecillas ignorantes, es luchar por una causa más digna, más noble. Los golpes se calientan en la fragua del ideal, cuyos principios básicos se han evocado atrás y cuya realización se proyecta en un porvenir posible más o menos visible: una república consensual que ofrezca a todos una enseñanza y una educación que permitan, a más largo plazo, la emergencia de la élite de los mejores, intelectual y moralmente; un arte que sin duda contribuya, por largo tiempo, a mejorar el nivel cultural de la nación. En fin, la finalidad del combate es que el tiempo histórico vivido vierta su tributo de agua a la corriente infinita del progreso. Por lo que se refiere a la crítica literaria, Gonzalo Sobejano explicaba ya en 1967 el doble aspecto de esa actividad y lo condensaba en la afirmación siguiente: «Es [la crítica] un género moral en doble sentido: porque compara las deficiencias de la realidad —explícita o implícitamente— con un bien ideal, y porque las acusa de peligrosas costumbres ('mores')» (18).

Es de subrayar, en casi toda su obra periodística, que la voz actuante es la del yo de Clarín, que afirma siempre con fuerza su presencia. Si el autor de *La Regenta*, de *Su único hijo* y de varios cuentos, al hacerse narrador se esfuerza por ocultarse para acatar el principio fundamental de la impersonalidad naturalista, el periodista Clarín no disimula su presencia activa y a veces ostentosa, salvo en contados casos como por ejemplo los ensayos «Del naturalismo» o «El estilo en la novela» y algunos más. De acuerdo con Hegel, para decir que el personaje épico es el que quiere imponer sus ideas en el mundo, habría que añadir en el caso de nuestro autor que este personaje épico va movido también por el deseo de imponer su yo en ese mundo. La causa por la que lucha Clarín es siempre una causa noble, como dijo Urbano González Serrano (19); y aunque sea también una causa compartida por otros, el ovetense reivindica en su estilo y en primera persona su protagonismo. Es de notar sin embargo que, si afirma su magisterio frente a los demás, se muestra humilde frente a los hechos, las ideas y más aún ante las cosas de la vida.

Estrechamente relacionado con ese yo épico que sale incansablemente a la palestra y lleva la voz cantante, hay otro que mira hacia adentro y cuya voz va de dentro a fuera, como confesión de intimidades intelectuales y afectivas. No se trata de esas expansiones egotistas que empiezan a estar de moda al final del siglo, sino de confesiones altruistas dirigidas al otro para que en su alteridad comprenda que al hablar de sí mismo le habla a él, al hermano en humana condición para hacerle compartir sus creencias y sus dudas.

En rigor y sin contar la historia se debe señalar la evolución de la presencia autoral en la obra periodística de Clarín. La mayoría de los artículos publicados durante los primeros años —los *Paliques* y los artículos de su mismo tono— tienen la impronta ofensiva que les da el dinamismo del joven militante demócrata, movido por el deseo altruista de promover su ideal político, social y estético, y, correlativamente, por el deseo de imponer su nombre en el mundo intelectual de la época. El yo épico es el que domina, sin que falten manifestaciones de admiración, simpatía y hasta de cariño.

Conforme pasan los años y crece su talla de intelectual reconocido, se atenúa la fogosidad de los primeros años, pero el ideal y las motivaciones de la acción siguen iguales. A partir del momento —por los años de 1887 a 1889— en que se hacen más presentes sus preocupaciones metafísicas, siempre latentes, su percepción de las cosas se hace más subjetiva, más personal, más interiorizada y, a veces, más «confesional», más lírica. Hasta el final de su existencia, la vida de «Alas adentro», como escribe Adolfo Posada, es la que cada vez más se vierte en forma fragmentaria, con natural generosidad, en numerosos artículos.

Del «Alas adentro» salen el entusiasmo, la admiración, la afición al diálogo con otras conciencias, las nostalgias, las dudas, las confesiones más directas. Su crítica de obras ajenas se hace más personal, más en simpatía cuando la obra leída le conmueve. Entonces se atreve a confesar con absoluta sinceridad: «Yo no pretendo decir la verdad de la cosa en sí, pero sí la verdad de lo que la cosa es en mí, o sea, lo que a mí me parece la cosa» (20).

Entonces, más que nunca, se deja llevar por su admiración por los grandes artistas de la palabra y por los grandes pensadores, con tal que algo en esos hombres, su arte, sus ideas, su entereza moral, su humanidad, abra paso a una simpatía cuyos efluvios envuelven el fructífero diálogo con las ideas y las obras de esas personalidades superiores. Pero se trata de un diálogo de hombre a hombre, con Moreno Nieto, con Giner, con Galdós, con Zola, con Castelar, con Renan, con Carlyle..., diálogo que es comunión enriquecedora, por decirlo así, pero vigilada por activa lucidez. Admira sin empacho al Zola artista y poeta, pero no acepta su teórico sistema naturalista, derivado seudocientífico de un positivismo para él inaceptable. Su ideal democrático le impide seguir a Renan y a Carlyle, padre y hermano espirituales respectivamente, en las concepciones elitistas que los llevan a despreciar al pueblo; y con el querido amigo Castelar, su jefe en política, no disimula sus discrepancias (21). El dialogismo para Clarín es una levadura de conciencia que permite un intercambio de yo a yo que ensancha al ser interior en el doble plano del pensar y del sentir (22). Pensar y sentir son dos actividades casi inseparables en el Clarín maduro, hasta imponerse en él el fecundo equilibrio entre «las ideas sentidas» y los «sentimientos reflexionados», según la acertada fórmula de Laureano Bonet, explicada también, en cierto modo, por Gonzalo Sobejano (23).

El singular talante de Clarín se debe a su gran capacidad de entusiasmo por las ideas y las causas nobles y bellas, y a unas cualidades introspectivas insólitas entre los escritores de su tiempo. Recordemos que Alas es el autor del gran realismo del siglo XIX, más orientado hacia la interioridad humana, y que, si *La Regenta* es una obra maestra de la literatura universal, es en gran parte porque el novelista vive en simpatía lo que viven sus personajes, lo cual le permite calar hondo en «el alma toda» de cada uno de los protagonistas. Recordemos también que pasados los años confiesa que le interesa cada vez más la interioridad humana y escribe los *Cuentos morales*, en los que «lo principal es el hombre interior, su pensamiento, su sentir, su voluntad» (24). Antes de que Freud indague las «luces oscuras» del ser humano, el narrador de *La Regenta* y de algunos cuentos, verdadero «buzo del alma», franquea los umbrales de los «interiores ahumados» para intuir los innominados movimientos de lo subconsciente: Leopoldo Alas, por activa empatía, vive los pensamientos y se deja guiar por los insondables desplazamientos del alma de sus personajes. Ha leído en estrecha cercanía *Les Fleurs du mal* (1857) de Baudelaire, *La Terre* (1888) de Zola, dos libros satanizados por conservadores franceses y españoles y criticados por la mayoría de los liberales de ambos lados de la frontera. Dedica una larga «Lectura» a cada uno, en 1887 y 1888 respectivamente, en la que intenta desvelar la verdad de esas obras, al mismo tiempo que expresa en conmovido lenguaje confesional las impresiones de su lectura. Varios aspectos de la poesía de Baudelaire le agreden en sus creencias y en su fe, pero el arte del «poeta maldito» le lleva a «infiltrarse en el alma» de Baudelaire, a «ponerse en su lugar» (son sus palabras), y busca dentro de sí «las ideas y sentimientos» que puedan «simpatizar con las ideas y sentimientos del poeta», y consigue entrar en simpatía, por mediación del arte, con ese otro que es su semejante. Él, Clarín, creyente y en busca de una fe auténtica, «comprende» al ateo y «puede figurarse sentir de un modo pasajero lo que el ateo debe de sentir con relación a la causa primera» (25).

En otros fragmentos, confiesa que pasa lo mismo con otros artistas que han renegado de Dios: Shelley, Leopardi, Antero de Quental, Leconte de Lisle. Cuando muere este último, intenta *infiltrarse* en el alma del gran poeta parnasiano, a quien ve y siente como «huérfano de Dios» y atraído religiosamente por la absoluta belleza. Como homenaje al venerado poeta desaparecido vuelve a leer el poema

«Europa» y su yo lírico no vacila en confesar: «De tanta hermosura plástica, clásica, puramente griega como encontré en aquel poema [...] sentí lágrimas en los ojos» (26).

La lectura poética de *La Terre*, que debió de desentonar en medio del escándalo suscitado por la pesimista y atrevida novela, puede resumirse en la siguiente frase: «Si Emilio Zola es uno de los grandes poetas modernos del dolor, lo debe ante todo a que primero ha sabido pensar y sentir las grandes penas generales, que son como el horizonte visible de la vida» (27).

Podrían acumularse los ejemplos —citar artículos y artículos— en los que asoma y se expande el yo lírico de Clarín. Excusado es decir que esas confesiones son unos elementos de primera calidad para elaborar una biografía de Leopoldo Alas; por cierto, será de gran interés recordar también sus confesiones relativas a su pensar y su sentir religioso, con sus certidumbres afirmadas, su búsqueda y sus dudas expresadas en el lenguaje de la serena poesía, de la grave preocupación o del humor, como las realizadas en sus *Cuentos morales* —«La sinceridad me hace dejar traslucir en casi todas mis invenciones otra idea capital, que hoy me llena más el alma (más y mejor ¡parece mentira!) que el amor de mujer la llenó nunca. Esta idea es la del *Bien*, unida a la palabra que le da vida y calor: Dios» (28)— o la expresada de modo humorístico, en contraste con otra de tono serio sacada del artículo que dedica a Sinesio de Cirene, y que refiere de la siguiente manera:

Y francamente, si está de Dios que yo llegue a ser obispo, que sea, como Sinesio, rodeado de mi mujer, de mis hijos, de mi padre, de mis hermanos y hasta de los lectores de *Madrid Cómico*. [...] Más vale ser así que obispo de levita... sacrificando a Dios la esposa... y la prole... y quedándose con la querida (29).

Ya se ve que cuando habla el yo lírico, nunca está muy lejos el yo épico, más o menos emboscado para disparar saetas irónicas.

El creador Leopoldo Alas tiene su consagración universal gracias a *La Regenta* y puede que un día, cuando los tiempos vuelvan a ser modernos, sus cuentos y su segunda novela vuelvan a suscitar el interés que merecen.

La colección de *Artículos completos*, resultado singular de una multifacética escritura fragmentaria, además de colocarnos en medio de las tornasoladas facetas del pasado tiempo de la Historia, nos hace acceder al monumento vivo de las altas ideas, pues el autor no olvida en las borrascosas luchas cotidianas que «lo primero no es ser de su siglo ni de su patria, lo primero es ser de todo el tiempo» (30).

Por eso, el aparente desorden del conjunto de los fragmentos es la superficie de un orden firme, aunque en constante proceso de fecundo enriquecimiento, por ser obra de un activo pensador poeta en el que son inseparables los «gritos del combate» —que dijo Núñez de Arce—, de la moderna lucha épica por el progreso, y la lírica expresión de las más profundas aspiraciones humanas.

El fragmento, moldeado según el impulso creativo de determinado momento, es seguramente la forma más adecuada para acoger un moldeable pensar asistemático, envuelto siempre en un poético sentir que lo personaliza humanizándolo como reflejo de esa humana condición indagada por Montaigne, el sereno hermano mayor en «mariposeo» filosófico.

Pero Clarín supera a todos los autores de fragmentos aludidos, porque es un poeta, un «buzo del alma», como revela su obra de creación y algunos de sus artículos. Estos últimos, además, muestran que es un poeta consciente y reflexivo. Sabe que la razón, a la que acata, no basta para acercarse a las realidades vitales del ser humano, las cuales se viven más que se piensan, pues son cosas del corazón más que de la cabeza. Cuando se entera de la teoría de las neuronas explicada por Ramón y Cajal, imagina maravillado «esas famosas cabelleras de nervios diminutos que las grandes inteligencias tienen por camino para llegar a las cosas». Y acto seguido añade:

> También debe haber neuronas del corazón, cabelleras sentimentales para hacerse cargo de esas vibraciones más íntimas de los seres que son como una música recóndita, a la que solo se llega por la estética. Y el hombre que no comunica por hilos infinitos con ambos aspectos de la realidad no la penetra (31).

Notas y obras citadas

(1) Jean-François Botrel, «Clarín: practica y teoría del periodismo», en Pilar García Pinacho e Isabel Pérez Cuenca (eds.), *Leopoldo Alas Clarín en su Centenario (1901-2001). Espejo de una época*, Madrid, Universidad de San Pablo CEU, 2002, p. 370.

(2) «Los periódicos», *El Español*, 28 de octubre de 1899.

(3) Françoise Susini-Anastopoulos, *Lecture fragmentaire. Définitions et enjeux*, Paris, Presses Universitaires de France, 1997.

(4) *La Publicidad*, 26 de mayo de 1888.

(5) «Lecturas. Prólogo», artículo publicado en siete entregas del 19 de junio al 24 de noviembre de 1887. Véase Yvan Lissorgues, «Clarín periodista (1868-1901)», introducción al tomo VIII de *Obras completas*, Oviedo, Ediciones Nobel, pp. 30-35.

(6) Adolfo Sotelo Vázquez, Leopoldo Alas «Clarín», *Galdós, novelista*. Edición e introducción de…, Barcelona, Promociones y Publicaciones Universitarias, 1991.

(7) Ermitas Penas, *Clarín crítico de Emilia Pardo Bazán*, Santiago de Compostela, Universidad de Santiago de Compostela, 2003.

(8) Marisa Sotelo, «Clarín y Emilia Pardo Bazán», en Antonio Vilanova y Adolfo Sotelo Vázquez (eds.), *Leopoldo Alas «Clarín»*. Actas del Simposio Internacional (Barcelona, abril de 2001), Barcelona, Universitat de Barcelona, 2002, pp. 161-186.

(9) *Heraldo de Madrid*, 17 de junio de 1897.

(10) Laureano Bonet. «Clarín y el ensayo: de la escritura a la teoría», en Araceli Iravedra Valea, Elena de Lorenzo Álvarez, Álvaro Ruiz de la Pena (eds.), *Leopoldo Alas. Un clásico contemporáneo (1901-2001)*, Actas del Congreso celebrado en Oviedo (12-16 de noviembre de 2001), Oviedo, Universidad de Oviedo, 2002, pp. 309-317.

(11) Françoise Susini-Anastopoulos, *op. cit.*, p. 149.

(12) Yvan Lissorgues, *El pensamiento filosófico y religioso de Leopoldo Alas, Clarín (1875-1901)*, Oviedo, Grupo Editorial Asturiano, 1996,

(13) *La Ilustración Española y Americana*, 8 de enero de 1896.

(14) Gonzalo Sobejano, *Nietzsche en España (1890-1970)*, Segunda edición corregida y ampliada, Madrid, Gredos, 2004.

(15) Yvan Lissorgues, *El pensamiento filosófico y religioso…*, *op. cit.*

(16) Adolfo Sotelo Vázquez, «Leopoldo Alas: perfil krausista de un intelectual», en Antonio Vilanova y Adolfo Sotelo Vázquez (eds.), en *Leopoldo Alas «Clarín»*, *op. cit.*, pp. 81-105.

(17) Remito a Jean-François Botrel, *Preludios de Clarín* (Oviedo, Instituto de Estudios Asturianos, 1973) y a Yvan Lissorgues, *Clarín político* (Oviedo, KRK Ediciones, 2004, tercera edición) y a la tan abundante bibliografía que figura en las Actas de los Congresos y Simposios celebrados desde 1984 hasta 2001.

(18) Gonzalo Sobejano, «Clarín y la crisis de la crítica satírica», en *Forma literaria y sensibilidad social*, Madrid, Gredos, 1967, pp. 139-177.

(19) Urbano González Serrano, *Estudios críticos*, Madrid, Tipografía del Hospicio, 1892, pp. 149-155. Citado por Adolfo Sotelo Vázquez, *Leopoldo Alas y el fin de siglo*, Barcelona, Promociones y publicaciones Universitarias, 1988, pp. 41-45.

(20) *El Globo*, 25 de diciembre de 1893.

(21) Es curioso observar que se empaña la lucidez cuando entra Clarín en el campo de la animadversión. Cuando le pierde el respeto a doña Emilia Pardo Bazán, después del ambiguo asunto de *La España Moderna*, no se restablece nunca la imparcialidad de que hacía muestra cuando admiraba a la autora de *Los Pazos de Ulloa*.

(22) Hay abundante bibliografía fácil de encontrar y ordenar sobre esas relaciones con «grandes hombres» y las correlativas influencias. Pero falta un estudio de conjunto, acudiendo o no a Miguel Bajtín, del «dialogismo y su alcance en Clarín y su obra».

(23) Laureano Bonet, «Clarín y el ensayo...», art. cit., pp. 317 y ss.; Gonzalo Sobejano, «Alas sentimental», en Antonio Vilanova y Adolfo Sotelo Vázquez (eds.), *Leopoldo Alas Clarín, op. cit.*, pp. 311-324; Gonzalo Sobejano, «El romanticismo de Leopoldo Alas», en Araceli Iravedra Valea, Elena de Lorenzo Álvarez, Álvaro Ruiz de la Peña (eds.), *Leopoldo Alas. Un clásico contemporáneo..., op. cit.*, pp. 929-945.

(24) Prólogo a *Cuentos morales*, *Los Lunes de El Imparcial*, 13 de enero de 1896.

(25) *La Ilustración Ibérica*, 27 de agosto de 1887. Sobre la lectura de Baudelaire por Clarín, remito al estudio definitivo de Josette Blanquat, «Clarín y Baudelaire», en *Revue de Littérature Comparée*, n.º 1, 1959, pp. 1 y ss.

(26) *La Publicidad*, 15 de agosto de 1894. «Las confesiones de Leopoldo Alas» he aquí un título en espera de futuro estudio.

(27) *La Ilustración Ibérica*, 6 de octubre, 7 de noviembre, 29 de diciembre de 1888.

(28) Prólogo a *Cuentos morales*.

(29) «Sinesio a Sinesio», *Madrid Cómico*, 13 de julio de 1895. En cuanto a confesión seria que antecede a la citada es la siguiente: «Yo de mí sé decir, que para encaminarme al bien, desde las profundidades del pecado en que vivo [..] más ha podido el ejemplo de un Sinesio, acaso, que el vuelo de las águilas caudales de la santidad».

(30) *La Publicidad*, 12 de abril de 1898.

(31) *Los Lunes de El Imparcial*, 11 de marzo de 1895.

CAPÍTULO 2

La naturaleza (y la Naturaleza) en la obra de Leopoldo Alas, Clarín

No parece fácil saber por qué Leopoldo Alas pone a veces mayúscula a la palabra «naturaleza» y otras veces no. El examen en su contexto de las ocurrencias de una y otra forma no permite afirmar que la mayúscula le dé al concepto un sentido particular. Lo cierto es que hay vacilación entre dos grafías que no pueden ser indiferentes y que bien pueden corresponder a dos visiones, entre las cuales el mismo autor vacila sin tener, en general, clara conciencia del alcance de cada una. La «naturaleza» designada con nombre común sería, como dice el diccionario, «el conjunto, orden y disposición de todo lo que compone el universo». Se caracterizaría por su positivo «estar aquí», mientras que la mayúscula podría señalar la voluntad de ver la «Naturaleza» en su categoría filosófica de fuerza activa que mantiene el orden del mundo, o en su dimensión metafísica, como realidad misteriosa, objeto de varias interpretaciones. Clarín nunca conceptualiza esta problemática; la visión que transmite de la naturaleza implica, a partir y a través de la percepción de su cara sensible —del paisaje—, un sustrato más bien metafísico o por lo menos de inefable poesía, como puede entreverse particularmente en sus cuentos y novelas cortas.

La primera observación es que la naturaleza para Alas es casi exclusivamente la de su tierra asturiana. Se sabe que ha viajado poco; fue a Andalucía, transitó por Castilla y Aragón, pero el paisaje andaluz y el de las tierras áridas de la meseta castellana no entran en su espacio literario. El objeto de estudio que nos depara su obra es la naturaleza de la España húmeda, la del Norte, y muy precisamente la de Asturias.

La serie de artículos de encargo titulada «El verano en Asturias», publicada en *El Imparcial*, puede interpretarse —además de su intencionalidad de promoción turística— como un esbozo de teoría estética *sui generis* a que da lugar la naturaleza asturiana. Estos artículos merecen atención por su alcance estético, repito, y también por el aspecto sociológico y literario del tema de la naturaleza.

Para el novelista Leopoldo Alas, como para todos sus colegas del *gran realismo*, el objeto de la novela y del cuento es el hombre y la sociedad contemporánea. El hombre en su medio y desde luego el hombre en su espacio urbano o rural; espacio que representa una de las coordenadas necesarias del relato. La naturaleza está siempre presente, en mayor o menor grado, en cualquier narración, aunque mucho más en los relatos situados en el campo, dependiendo de la relevancia que el narrador establezca entre los personajes y su entorno natural. No estoy seguro de que Pereda, el reconocido mejor paisajista del *gran realismo*, ni la autora de *La madre naturaleza*, ni el otro pintor inspirado de la naturaleza asturiana que es Palacio Valdés, hayan profundizado tanto como Clarín en esa relación, desde una perspectiva psicológica y filosófica, entre el hombre y la naturaleza, entre paisaje y paisanaje…

En la obra de Leopoldo Alas hay que distinguir la representación de la naturaleza en *La Regenta*, novela influida por la estética naturalista, y la que se da en los cuentos, novelas cortas y algunas novelas inacabadas como *Mosquín* y *Cuesta abajo*: obras emancipadas, hasta cierto punto, de preceptos preconcebidos y en los que el narrador y sus personajes mantienen con la naturaleza una relación estética y filosófica que, en varios casos, puede llamarse romántica, por darse en clave psicológica como poesía más o menos inefable.

En estos textos es donde aparece a menudo la palabra «Naturaleza» con mayúscula justificada por la dimensión poética y hasta metafísica que alcanza.

Lo dicho en lo que precede vale como introducción justificadora de un estudio en tres partes, cuyos títulos pueden formularse así:

- Esbozo de una estética de la naturaleza.
- La representación de la naturaleza en la obra de creación de Leopoldo Alas.
- La relación del hombre con la Naturaleza.

Esbozo de una estética de la naturaleza

En los tres artículos titulados «El verano en Asturias», publicados en *El Imparcial* el 12 de agosto y los 4 y 12 de septiembre de 1894 (1), Clarín exalta la belleza de la naturaleza de su tierra, pero avisando previamente que no le mueve cualquier afán regionalista, que, según dice, es una forma de «egoísmo disfrazado que consiste en tener por lo mejor del mundo todo lo de nuestro país». Como prueba de su objetividad, afirma que se atiene a la estética natural de Friedrich Vischer, autor de la más completa obra de estética publicada en Alemania (en 1846), derivada de Hegel, un tanto panteísta, y en la que se estudia la belleza en todas sus manifestaciones objetivas. La objetividad para Clarín es reconocer la superior belleza humana de Asturias:

La naturaleza plácida, paradisíaca, armoniosa en líneas
y colores, poética hasta por el clima, con cualidades que
la hacen, al par pintoresca y buena para la vida vegetal y

animal, a propósito para la habitación humana, es la que mejor cumple con las condiciones estéticas, permanentes, generales (2).

En un artículo publicado en *El Nalón* (Muro de Pravia) el 1 de julio de 1897 y titulado «Asturias estética», escribe Clarín:

> Entre los muchos proyectos de libros que quisiera escribir y que no escribiré, porque antes me sorprenderá la muerte, hace mucho tiempo que cuento que, si lo pusiera en obra, habría de llamarse «Asturias estética» [...] El plan de mi obra seguirá de lejos y con grandes variaciones, aquel programa de estética positiva que trazó Vischer, el continuador y discípulo de Hegel, en que se va estudiando la hermosura del mundo (2bis).

En cambio, no le parece hermoso el centro de España, pues «aun allí donde es rico, suele ser triste». Concede que, «[p]ara un pintor, para un poeta, un país árido, melancólico, puede tener bellezas de dibujo, de color», pero, añade, «hay regiones *trágicas*, sombrías, dantescas, en la naturaleza, que son muy poco a propósito para el cuadro, para el poema» (3).

Ya se ve que, por más que quiera alzar su punto de vista a lo general, los ejemplos que toma remiten todos a la naturaleza de su tierra. Lo más importante, y que sí es un principio general de la estética de la naturaleza, según él y según Vischer, es que «a la naturaleza no le gusta el arte» (4); es decir, el artificio. Clarín sobre este punto, encuentra una tradicional posición de la filosofía, la que contrapone la naturaleza al arte y prefigura la idea del intrínseco valor de las cosas en sí, formulada en el célebre verso en que Antonio Machado aconseja «preferir lo vivo a lo pintado» en *Proverbios y cantares* (XXVI). Desde este criterio, censura Clarín a Gautier y a los Goncourt que han cargado sus descripciones del mundo natural con artificios estilísticos y no han sabido ver la belleza real de las tierras templadas (5). Veremos a través de las descripciones de la naturaleza en *La Regenta* que la estética naturalista que Clarín ha hecho suya es un acercamiento a la representación de lo vivo y un rechazo de los efectos pintorescos...

Una perversión de lo pintado y que a Clarín le horripila es el *snobismo,* el «quiero y no puedo de la admiración, es decir, lo cursi-estético. El *snobismo* compra cuadros y ante los espectáculos de la Naturaleza abre los ojos y la boca y dice ¡oh! y ¡ha!» (6). El *snob,* si es ridículo, no altera la naturaleza, no así ciertos ricachos que imprimen su mal gusto en el paisaje mismo con arena, cal y cemento y desfiguran la natural belleza. Estas profanaciones estéticas ponen en peligro la armonía natural, a veces sagrada, como en Covadonga.

> Covadonga era digna de estar sola, con sus recuerdos y el lirismo wagneriano de sus cascadas [...] y allí es donde la mala arquitectura comienza a profanar la historia, con barriadas para canónigos [...] feísimos palacios episcopales, garitas para vender milagrosa bisutería y otras mil disonancias que afligen al verdadero amante de la historia patria, de la religión, del arte y de la naturaleza (7).

Otros ejemplos, de adulteración del cuadro natural, podrían citarse: como el que inflige —en el cuento de «El sombrero del señor cura»— el rico diputado Morales al magnífico paisaje de la Matiella, que para él «no era más que un marco para hacer resaltar el lujo del verano» (8).

También ocurre que el progreso y la civilización turba la primigenia unidad armoniosa del paisaje, donde los postes del telégrafo, las líneas del ferrocarril, las carreteras, son elementos heterogéneos que, sin embargo, poco a poco se adaptan y se aceptan por su imprescindible utilidad. El narrador de «*La trampa*» cuenta que los campesinos no aceptaban en un principio la carretera que «dividía por el medio el *suquero,* fragante y fresco pedazo de verdura», y «llenaba de polvo, que todo lo marchitaba, las hierbas, los árboles» pero, pronto explica, que «el romanticismo de estos aldeanos no es tan excesivo que llegue a luchar largo tiempo con lo útil» (9).

De este embrión de estética natural, deducida ante todo de la visión que Clarín tiene de la naturaleza de su tierra y de la relación privilegiada que con ella mantiene, sobresale la idea de que es necesaria una visión personal y directa de la naturaleza, sin mediación artificial: «El que no sepa encontrar todos los días la belleza del mar, la de la luna […], la del ocaso, la del bosque, la del arroyo murmurador… no sabe sentir la naturaleza y la confunde con los versos, o la música o la pintura» (10). Se sugiere, pues, que no basta ver un bello paisaje, sino sentirlo tal vez con todos los sentidos corporales, pero también intuir cierta profunda y vaga realidad en el *ser* de la Naturaleza.

Antes de analizar en la obra de Clarín este delicado y fundamental problema de relación del hombre con la naturaleza, es preciso estudiar cómo nuestro novelista y autor de cuentos la representa en sus creaciones.

La representación de la naturaleza en la obra de creación de Leopoldo Alas

Se trata de estudiar principalmente dos modalidades descriptivas fijadas y determinadas en la dinámica narrativa y en los medios literarios de la representación, así como en los grados de implicación del narrador. En realidad, si lo miramos bien, los medios empleados, los lingüísticos y los que sugieren algo más allá de las palabras, dependen del nivel de autonomía que el autor, el autor, insisto, le concede al narrador. Me explico: si el autor está convencido de que una concepción estética preconcebida está más adaptada al objeto de la representación, su narrador tendrá que poner en práctica los preceptos preestablecidos y ajustarse a ellos. Puede ocurrir también que sin renunciar a los valores de esta estética, experimente el autor el deseo de implicarse más en la representación porque el objeto le invita al placer de acercarse a él con esperanza de coincidencia y hasta de comunión poética; entonces, el narrador podrá libremente y con fruición poner en actividad todos sus sentidos y todas sus capacidades intuitivas para coincidir con el objeto, pero sin atentar a su real integridad, condición fundamental del realismo o si se quiere de la ilusión realista, que desde Maupassant y Clarín sabemos que es lo mismo.

Es evidente que el esquema teórico que precede se deduce en gran parte del examen de la obra de Leopoldo Alas. Cabe ahora justificarlo explicitándolo.

La primera modalidad de representación de la naturaleza corresponde exclusivamente a *La Regenta*; es la puesta en práctica de la estética naturalista, que también puede denominarse flaubertiana. Se caracteriza por una casi total impasibilidad de la instancia narrativa, que se sitúa, en general, a cierta distancia para abarcar el panorama que se le ofrece a la vista al autor, o que se representa a sí mismo después de haberlo visualmente dominado. Pero todo pasa como si lo viera, como si el artista de la palabra estuviera frente al paisaje en la misma posición que el pintor.

Citaré tres textos (tomados de la edición de *La Regenta* de Gonzalo Sobejano, Castalia, 1981), cuyo análisis completo exigiría otro estudio, por lo que me limito a caracterizarlos globalmente según la modalidad anunciada.

Se trata primero de la descripción de un trozo de naturaleza que se descubre desde lo alto de la torre donde el Magistral pasa revista a los varios espacios de Vetusta, «su presa». Puede que, en el caso preciso de esta contemplación de campo, lo que ve el personaje coincida con lo que abarca la mirada del narrador, pero quien describe es este, pues para aquel, según su estado de ánimo y según su psicología, este espacio natural no tiene ningún interés:

> Empezaba el otoño. Los prados renacían, la yerba había crecido, fresca y vigorosa con las últimas lluvias de Septiembre. Los castaños, robledales y pomares que en hondonadas y laderas se extendían sembrados por el ancho valle, se destacaban sobre prados y maizales con tonos oscuros; la paja del trigo, escaso, amarilleaba entre tanta verdura. Las casas de labranza y algunas quintas de recreo, blancas todas, esparcidas por sierra y valle reflejaban la luz como espejos. Aquel verde esplendoroso con tornasoles dorados y de plata, se apagaba en la sierra, como si cubriera su falda y su cumbre la sombra de una nube invisible, y un tinte rojizo aparecía entre las calvicies de la vegetación, menos vigorosa y variada que en el valle. La sierra estaba al Noroeste y por el Sur que dejaba libre a la vista se alejaba el horizonte, señalado por la silueta de montañas desvanecidas en la niebla que deslumbraba como polvareda luminosa [...]. Cerca de la ciudad, en los ruedos, el cultivo más intenso, de mejor abono, de mucha variedad y esmerado, producía en la tierra tonos de colores, sin nombre exacto, dibujando sobre el fondo pardo oscuro de la tierra constantemente removida y bien regada (11).

En el segundo texto se trata del mismo paisaje, pero contemplado desde más cerca, cuando Ana está al lado de la fuente de Mari-Pepa:

> Aunque situado en una hondonada, desde allí se veía un magnífico paisaje, porque a la parte de occidente, otras ondas del terreno que semejaban un oleaje de verdura, dejaban contemplar los lejanos términos, y allá confundido con la neblina el Corfín, una montaña que escondía sus crestas en las nubes y caía a pico sobre valles ocultos detrás de colinas y montes más próximos. El sol sesgaba el ambiente en que parecía flotar polvo luminoso, detrás del cual aparecía el Corfín con tinte cárdeno.
>
> Ana se sentó sobre las raíces descubiertas de un castaño que daba sombra a la fuente. Contemplaba las laderas de la montaña iluminada como por luces de bengala (12).

El tercero, que podría titularse «Llueve en Vetusta», en ausencia de cualquier personaje, es descripción exclusiva del narrador:

> Las nubes pardas, opacas, anchas como estepas, venían del Oeste, tropezaban con las crestas del Corfín, se desgarraban y deshechas en aguas caían sobre Vetusta, unas en diagonales vertiginosas, como latigazos furibundos, como castigo bíblico [...] La tierra fungosa se desencarnaba como los huesos de Job [...] y toda la campiña entumecida, desnuda, se extendía a lo largo, inmóvil como el cadáver de un náufrago que chorrea el agua de las olas que le arrojaron a la orilla [...] La torre de la catedral aparecía a lo lejos, entre la cerrazón, como un mástil sumergido. La desolación del campo era resignada, poética en su dolor silencioso; pero la tristeza de la ciudad negruzca [...]

parecía mezquina, repugnante, chillona, como canturria de pobre de solemnidad (13).

En todos se trata de una minuciosa descripción de lo que se ofrece a la mirada, con sustantivos adecuados que nombran los elementos del paisaje repartidos en una objetiva topografía y con adjetivos que restituyen el color, casi únicamente el color. Es una descripción que el narrador se esfuerza por no personalizar, aunque de vez en cuando se le escapan ciertos adjetivos que Flaubert hubiera borrado, como «esplendoroso» (14), «magnífico» (15). Es de notar que no se trata de un paisaje estático: los verbos, particularmente en el primer trozo, captan la vida propia de una naturaleza animada por una fuerza que se manifiesta según las estaciones: «los prados renacían», «la yerba había crecido», etc. (16). El único recurso retórico que se autoriza el narrador es la comparación, muy frecuente en el último texto, «Llueve en Vetusta»: «como latigazos furibundos, como castigo bíblico», «como los huesos de Job», «como el cadáver de un náufrago», la torre de la catedral «como un mástil sumergido», «como canturia de un pobre de solemnidad». Se ve que algunas comparaciones se articulan con elementos intertextuales de procedencia bíblica, de gran fuerza efectista. En ninguno de los tres textos hay metáforas. La metáfora superpone dos planos; la realidad evocada penetra la realidad observada y al disolver las fronteras la altera. La metáfora parece contraria a la estética descriptiva del naturalismo; en cambio, la comparación se limita a conceder que la realidad puede verse de otra manera. El elemento comparativo *como* marca la frontera entre la realidad verdadera y una posible.

Es interesante observar que ya no se ocultan los aspectos utilitarios del paisaje, el narrador integra naturalmente en su descripción los campos y las huertas con sus cultivos y no rehúsa hablar de los «abonos», de la «tierra constantemente removida y bien regada» (17). Asoma aquí esta nueva concepción de la belleza que antepone la verdad de la representación a cualquier sublimación estética. El verismo de la naturaleza se impone como categoría de lo bello.

Se nota pues una voluntad del narrador de *La Regenta* de atenerse a la impersonalidad, lo que consigue plenamente, y a la impasibilidad, no siempre perfecta. Me permito subrayar de paso que solo en el caso de la descripción de la naturaleza podemos hablar de impasibilidad, pues el narrador, en esta obra maestra que debe mucho a la estética y a la ética naturalista, está en perpetuo movimiento de acercamiento empático o de alejamiento irónico, hasta que finalmente asume explícitamente una consciente superioridad sobre el mundo de su creación.

En la percepción de la naturaleza, y por supuesto en otras situaciones, deja a sus personajes la libertad que él no se otorga. Hay un ejemplo que vale para todos y es interesante citarlo pues es corto. En el segundo trozo elegido, la voz del narrador dice:

> El sol sesgaba el ambiente en que parecía flotar polvo luminoso, detrás del cual aparecía el Corfín con un tinte cárdeno». Ana Ozores ante el mismo espectáculo «contemplaba las laderas de la montaña iluminada como por luces de bengala (18).

La heroína está en su derecho cuando colorea las cosas según los impulsos de su alma romántica. Otro ejemplo: el desgraciado Quintanar, durante su última salida de caza por las marismas, proyecta en el paisaje su propia tristeza y ve la naturaleza a tono de lo que experimenta: «El campo estaba melancólico» (19).

El narrador de los cuentos no se limita a ver, implica todos sus sentidos en la representación de una naturaleza, la de Carreño y su entorno, que le es muy familiar. Cuando el que narra o describe es su yo, la tonalidad es casi lírica, sin que se altere la realidad del paisaje. Es esta segunda modalidad de representación de la naturaleza la que importa caracterizar brevemente aquí, desde el punto de vista literario, porque se alza al nivel psicológico y filosófico de las relaciones entre el hombre y la naturaleza, objeto de la tercera parte de este estudio.

Si las descripciones «naturalistas» de la naturaleza en *La Regenta* procedían casi exclusivamente de una captación visual, es frecuente en los cuentos la implicación de todos los sentidos. Esta percepción sinestésica es un indudable acercamiento simpático del sujeto observador al objeto observado, en este caso el paisaje. Un solo ejemplo elegido por su brevedad:

> En la estrechez de una vega muy pintoresca, mullida con infinitas hojarascas de castaños y robles, pinos y nogales, con los naturales tapices de la honda pradera de terciopelo verde oscuro, que desciende hasta refrescar sus lindes en un arroyo que busca de prisa y alborotando el cauce del Aboño (20).

Este trozo de paisaje, que da lugar a una apreciación estética, es pintoresco, comunica impresiones a todos los sentidos: lo que se ve despierta sensaciones táctiles de suavidad y frescura («mullidas», «tapices», «terciopelo», «refrescar»), y una discreta sensación auditiva, que dimana de un esbozo de personificación del «arroyo que busca de prisa y alborotando el cauce» de un río mayor.

Si el narrador de los cuentos acude con frecuencia a la comparación, no desaprovecha la ocasión de entregarse al placer estético y poético de la metáfora. He aquí un ejemplo, también elegido entre otros, de metáfora continuada que, además del bonito cuadro marino, es una poética sugerencia de interrelación entre campo y mar, entre tierra y agua, dos elementos naturales de la esencia de Asturias percibida confusamente por el adolescente Mosquín:

> Horas y horas permanecía ensimismado mirando el horizonte y las velas blancas, heridas por el sol poniente. Después, cerca de la noche, aquellas cabritas, que tal se las figuraba, que estaban allí esparcidas pastando en aquel gran prado azul, se iban acercando todas al aprisco que era el puerto (21).

Es la visión del personaje; pero la idea superior de complementariedad de tierra y mar, como esencia de la naturaleza asturiana impregna varias descripciones asumidas por el yo de Clarín.

> Yo tengo mi casa de campo en la marina, donde los montes alzan poco la cresta y parecen las olas suaves y nada altaneras que se deshacen sobre la playa en ondas graciosas, tenues [...]. Las montañas, como olas de la tierra que van al encuentro de las olas del agua, son, en el alto mar, de los puertos, gigantes que meten la cabeza cana, como rizadas espumas, por las nubes plomizas; pero según se van acercando a la costa se van achicando, achicando hasta ser colinas, cubiertas de verdura hasta la cima y luego suaves lomas que llegan a confundirse con las dunas, donde las montañas del Océano también se desvanecen (22).

Esta visión, que lleva en sí una idea —la visión de la tierra que se abraza con el mar—, se repite en *Cuesta abajo,* donde se escribe:

> Suaves ondulaciones de colinas y cerros al acercarse al mar (como si fueran estas unas olas de tierra y piedra que van a esperar a las del agua que viene de frente), se prestan a ser materia de los primores del pincel y de la descripción literaria (23).

Todas las narraciones asturianas, más o menos breves, de Leopoldo Alas se desarrollan en aquel espacio costero, donde mar y tierra se interpenetran y donde la naturaleza vegetal y animal de la tierra se beneficia del tributo de agua que le depara el océano. Todo un libro pudo dedicarle Agustín Coletes a esta parte del Concejo de Carreño, donde Clarín tiene su casa de campo de Guimarán. En este *rincón de hojas y de hierbas* —título de la primera edición del libro de Coletes, mucho más sugerente que el de la segunda: Clarín *y Carreño* (24)—, durante los meses de su largo verano, don Leopoldo está en constante simbiosis en la paz del campo, con la naturaleza que le rodea, con la que establece cuando viene al caso un directo diálogo como telón de fondo de cualquier especulación intelectual.

Cuando en los cuentos evoca o describe su tierra, ninguna preocupación estética preconcebida encuadra su punto de vista y orienta la elección de sus palabras, seleccionando las que se limitan a dar al cuadro pintado la objetividad flaubertiana de la cosa observada. Si es bueno ver, es mejor sentir, como dice el mismo Clarín cuando escribe: «El que no sepa encontrar todos los días la belleza del mar […] la del bosque, la del arroyo murmurador… no sabe sentir la naturaleza» (25). Sentir la naturaleza plantea el problema de la relación del hombre con esa naturaleza. Tema muy estudiado ya desde Aristóteles hasta Rousseau, pasando por Spinoza, Bernardin de Saint-Pierre, etc., en una amplia bibliografía interesante, aunque generadora de tópicos al uso.

La relación del hombre con la Naturaleza en la obra de Clarín

La relación utilitaria —relativa al cultivo, a la minería, al turismo, a la pesca, etc.—, que aflora de vez en cuando en la obra de creación y en los artículos de Clarín, la dejaré de lado por proporcionar datos históricos sobre geografía y sociología tal vez interesantes, pero de primer grado y más bien alusivos. De lo que se trata es de la compleja relación del hombre —considerado como individuo, como sujeto, como yo—, con una naturaleza que, más allá de su *estar* aquí, que solicita los sentidos, invita a meditar, aunque sea fugazmente, sobre el misterioso poder revelador que su *ser* ejerce sobre el hombre. No fue nunca intención de Clarín elaborar una teoría de la naturaleza; sabemos que nada es más alejado de su pensamiento que el espíritu de sistema. En cambio, en la misma dinámica de la narración, aparecen, en el oportuno momento, percepciones e intuiciones, reflexiones y meditaciones que, en forma fragmentaria, aclaran una relación compleja, impactada en el fondo psicológico del ser humano, y que abre el poético campo de los interrogantes filosófico-estéticos y metafísicos.

Está claro que, para nuestro autor, la naturaleza es una realidad en sí, aunque misteriosa; para él, no se plantea el problema en términos kantianos, según los cuales tiempo y espacio no son entes reales, sino formas de nuestras percepciones. La prueba es que, para Clarín, según las circunstancias en que él o sus personajes se encuentren, uno puede sentirse a gusto en la naturaleza, o verse empequeñecido por ella, o creerse igual, o notar que gran parte de su paisaje interior es imagen de esta misma naturaleza familiar, etc.

Para Leopoldo, como para su alter ego Narciso Arroyo de *Cuesta abajo*, la naturaleza de Carreño es una terapia, que durante los meses de verano aplaca los disturbios nerviosos acumulados durante el resto del año. ¡Cuántas veces en sus cartas a sus amigos Galdós, Palacio Valdés, doña Emilia, confiesa que, desde el momento en que está en Guimarán, se encuentra mejor de salud! Bien lo cuenta y de manera muy sentida Narciso Arroyo cuando describe su llegada a la aldea en plena crisis nerviosa, con la sensación de que se le iba la vida y de que estaba en ruptura con el mundo, en fin, preso de un sentimiento de angustiosa soledad que se le fue atenuando con la contemplación de «un valle frondoso, muy retirado, ancho y largo, limitado por colinas suaves, de líneas graciosas cubiertas hasta la cima de árboles copudos» (26), donde se percibe claramente el paisaje de Guimarán. Poco tiempo después, recuperado el equilibrio psicológico, se encuentra en tan estrecha armonía con el entorno natural que exclama agradecido: «Horas memorables estas de *armonía* interior, en que la presencia de la realidad se convierte en una música y el alma adivina el timbre de todas las cosas y escucha las grandiosas sinfonías de la naturaleza *latente*», frase que parece un eco poético de «La noche serena» de Fray Luis.

Más allá del bello paisaje hay en la Naturaleza (a partir de ahora con mayúscula) un *algo* latente, oculto, misterioso, o por lo menos no racionalmente explicado, que el alma adivina sin necesidad de un lenguaje más preciso, que no existe por su inefabilidad, pues es un *algo* así como musical.

Es de notar que Leopoldo Alas no aprovecha la ocasión, a partir de esta frontera entre lo visto y lo intuido, para elucubrar como los simbolistas sobre la realidad aparente y la otra superior, ideal, la Verdadera. No, él se limita a sugerir: «Ves, sientes, sueñas y basta». ¿Panteísmo? Ya veremos... Varias veces confiesa que le fascina el *Ramayana*, ese poema sánscrito del siglo V, leído en la aldea:

> Entre árboles —escribe—, oyendo esquilas del ganado, en santa paz, gozando del olor del heno tendido en los prados, del olor de la madreselva y de otros, que el campo en mi tierra difunde con graciosa abundancia por el ambiente puro y que esparcen brisas que halagan el sentido (27).

Tan placentera fue en tal sitio la lectura de la epopeya oriental, que, de paso, generaliza la experiencia en forma de consejo: «Procurad cierta armonía entre los libros de arte y el lugar donde hayan de leerse» (28). Esta lectura del poema de Valmiki abre, en 1896, una profunda meditación que merece transcripción completa:

> La Naturaleza es mucho más que esa epicúrea adoración que tú le consagras, se te revela. La Naturaleza en el *Ramayana* no es un refugio, como en Zola, del pesimismo humano [...]. En el *Ramayana*, *todo es uno*, [...], lo que se ve no es la reducción de lo natural y símbolo de la vida humana, sino la *psiquis racional* esparcida por todas partes. [...] El concepto del mundo que el *Ramayana* supone coloca el origen cosmogónico en lo perfecto, en lo divino que no se perfecciona [...] que es más grande que toda romántica aspiración a un ideal hegeliano de adelanto en lo absoluto [...] La Naturaleza en el *Ramayana* dice: *et nunc et semper*, ahora y siempre (29).

Esta visión de la naturaleza que procede de una concepción del mundo, sublime en su estática perfección, no puede ser la suya, pero es una pauta poética de lo absoluto para quien, como él, cree en la dinámica hegeliana (o krausista) del progreso. La humilde lección que, en 1896, Clarín podría sacar de tal lectura, si para él fuera nueva, sería la de que la naturaleza «se te revela». Quien ha escrito ya *Mosquín* (1889), *Cuesta abajo* (1890), *Doña Berta* (1892), *Boroña* (1894), *El Quin* (1895), etc., sabe que la naturaleza es, en cierta manera, para el hombre, una revelación de sí mismo y hasta un elemento de su seña de identidad.

Narciso Arroyo descubre que tiene en estos montes, en estas vegas, en estos prados, riachuelos y playas, en toda esta naturaleza que le es familiar, «una especie de historia natural... externa» de su propio ser. Sin dejar de ser la naturaleza lo que es, va cambiando el paisaje como va cambiando el hombre. Mueren también los árboles, y «los árboles que mueren —confiesa Narciso— me llevan algo del alma» (30). Se rompe pues, el tópico romántico de la naturaleza inmutable, indiferente ante la finita condición humana. La naturaleza es como una de esas grandes obras maestras (de Cervantes, Shakespeare, Pascal) en las que siempre al volver a leerlas se descubren «nuevas bellezas, nuevas profundidades» (31). En ese mirar hacia adentro nota Arroyo que «Mi topografía poética, que es todo un poema, mitad didáctico, mitad psicológico, tiene variaciones constantes» (32); así pues, siempre mirando hacia adentro, la parte del paisaje exterior que se ha hecho paisaje interior, vive en consonancia con las vicisitudes de quien lo lleva dentro; y de igual modo, mirando hacia afuera, el hijo de estos valles que sabe comprender y amar la naturaleza que le rodea, ve que la fisonomía especial de estos paisajes «varía a cada recodo del camino» (33). Si la naturaleza nos revela, no es en el sentido de la absoluta perfección oriental del *Ramayana,* sino en el cambio constante de punto de vista del sujeto, de dentro a fuera y de fuera a dentro. Más cerca está Clarín del Bergson de *El pensamiento y lo moviente* que de lo sublime estático de Valmiki.

Esta aparente analogía, entre la naturaleza y el ser humano, se reduce a la positiva observación de que aquella tiene vida propia. Solo los soñadores melancólicos personalizan a la Naturaleza para que de ellos se apiade y les dé consuelo (34). No es el caso de Clarín, aunque entiende que algunos de sus personajes puedan complacerse en ese tipo de romanticismo. Para él, hay que amar la Naturaleza por lo que es:

A la Naturaleza hay que saber amarla como los amantes verdaderos aman, a pesar del desdén. […] Adorar la piedra, lo que no siente ni puede corresponder, es la adoración suprema. El mejor creyente es el que sigue postrado ante un ara sin dios (35).

Lo que para Leopoldo Alas está claro en que la Naturaleza es algo que pertenece a uno mismo, sea o no consciente de ello el hombre.

Sobre Pinín y Rosa, los dos hermanos del cuento *¡Adiós, Cordera!,* dice el narrador que tenían «teñidos el alma de la dulce serenidad soñadora de la solemne y serena Naturaleza» (36).

Cuando *doña Berta* se despide de su tierra, no encuentra en la Naturaleza un reflejo de su dolorosa situación anímica, porque su imaginación está apagada: «No se sentía amada por sus tierras, pero en cambio ella las amaba infinito […]. El Aren, la Llosa, la huerta, Posadorio *era algo de su alma*» (37). Que quiera que no, el hombre se apropia la

Naturaleza, recortando en ella su paisaje interior. Paisaje interior que siempre va con él; olvidado a veces, cuando, por ejemplo, es una imagen de la infancia sepultada bajo los sedimentos de la vida, pero que asoma de nuevo cuando una circunstancia exterior la reactiva.

¿No se sugiere en *La Regenta* que el deseo de subir que empuja a don Fermín a lo alto de la torre, a escalar por los peldaños de la jerarquía eclesiástica, puede ser como una reminiscencia inconsciente de la aspiración a las alturas leonesas del pastorcito que fue cuando niño?

Narciso Arroyo, caminando por su tierra de Carreño, en un recodo del camino, siente de golpe «en el alma, y hasta vagamente en los sentidos, como el *gusto* de una reminiscencia de la niñez». Y coincidiendo con Proust, anticipadoramente, piensa que el resultado de «aquella extraña evocación era muy parecido a lo que puede llamarse el recuerdo de un perfume o de una música» (38).

Ocurre que esta memoria del paisaje de la infancia flota durante toda una vida medio diluida en un deseo latente, como una vaga aspiración a coincidencia. Es el caso de Pepe Francisca, el indiano de «Boroña», que allá en las Indias sentía siempre su alma teñida del «aire natural», como «anhelo eterno» del «amor al rincón de verdura en que había nacido». Cuando volvió a su tierra asturiana, casi moribundo, «le placía aquella soledad de su humilde valle estrecho, que le recibía apacible, silencioso, pero amigo». Le gustaba «bajar al corral, oler los perfumes, para él exquisitos, del establo, llenos de recuerdos de la niñez primera: le olía el lecho de las vacas al regazo de *Pepa Francisca*, su madre». «Allí olfateaba memoria dulcísima» (39). Proust y Antonio Machado, pongo por casos, han indagado más en la memoria afectiva, pero no mejor que Clarín…

El *Quin* es un perro de conciencia elemental, primitiva, al cual intenta acercarse el narrador con toda su capacidad de lúcida empatía:

> El pobre animal, abandonado por su amo, desgraciado, se sintió unido con nuevos lazos, de iniciación pagana, a la madre naturaleza, al culto de Cibeles... y a las pasiones de su raza. De los castaños de Indias se desprendía un perfume de simiente prolífica; amor le parecía un rito de una fe universal, común a todo lo vivo. [...] La luna corrió entre nubes, y en toda la extensión del valle, hasta la colina de enfrente, [...] la luz de plata [...] cantaba la canción de la eterna poesía del milagro de la creación enigmática (40).

Los pocos ejemplos elegidos permiten entrever el alcance que podría tener el estudio del tema de «la Naturaleza como paisaje del alma» si se ampliara la investigación a toda la obra de Clarín, particularmente a *La Regenta* y a *Su único hijo*.

Dos cosas más sobre la relación entre el hombre y la Naturaleza: una con valor psicológico y otra de alcance metafísico.

El joven Mosquín no conoce otro paisaje que el de su inmediato entorno; tiene, dice el narrador, «el alma hecha toda raíces pegadas a aquella tierra». Estas raíces son elementos de su identidad, a través de los cuales ve el resto del mundo cuando viaja con la imaginación.

> En todos los países lejanos y maravillosos que él se figuraba, había castañares como aquéllos, ríos como el río Aboño [...] prados de menuda hierba, espesa y reluciente, vacas meditabundas que producían al mover la robusta cerviz melancólico son de campanillas; perros que al oscurecer

ladraban a lo lejos; chirridos de insectos en los senderos de los atajos a las doce del día […] conciertos de ranas al ponerse el sol […] Todo aquello que, colores, líneas, aromas, ruidos, luces y sombras, alegrías o miedo, armonías o estruendos, tenía llena el alma del poeta adolescente (41).

Este paisaje interior tejido de sensaciones primeras, entrecruzadas —que la ciencia, acudiendo a un neologismo llamaría sinestesia—, que abren paso en otro plano a otras sensaciones afectivo-intelectuales de orden superior («alegrías o miedo, armonías o estruendo»), es para *Mosquín* una verdadera y profunda seña de identidad. Y es lícito generalizar: este paisaje es también el del narrador y desde luego también el del autor, y de cualquier morador de aquellas tierras. Más aún: cualquier ser humano tiene en el fondo del alma la imagen, viva o latente, de un trozo de Naturaleza.

Eso nos dice Clarín a través de Narciso Arroyo, doña Berta, Ana, Fermín, Bonifacio, Pepe Francisca, El Quin…

Por fin se plantea la cuestión última:

¿Qué *es* para Leopoldo Alas la Naturaleza: una fuerza de la materia o una creación divina?

Llegamos a un clímax que para mí será conclusión de este estudio, conclusión poética, es decir, no-conclusión.

Todo lo dicho a lo largo del recorrido revela que para Clarín la Naturaleza tiene su vida propia, animada por una fuerza, como diría un materialista de punto final. Bien sabemos que para él no hay tal punto final, y que esa vida y esa fuerza, más allá de las explicaciones de la ciencia, es un enigma, puede que divino, pero también misterioso. Lo cierto es que no acepta las ingenuas explicaciones creacionistas, por lo que busca otras respuestas más sustantivas, lo que le lleva a interesarse por las visiones orientales de la Naturaleza y del budismo del *Ramayana*; aunque ello no signifique

que Clarín se vuelva panteísta. Sin lugar a dudas le atrae la poesía del panteísmo, pero no como sistema explicativo terminante. Solo hay un texto que sobre este punto dice algo más poético que racional, y creo que citarlo excusa comentario. Cerca de la casa de Guimarán se encuentra la capilla de Logrezana, descrita en el cuento autoficcional «Viaje redondo», un día del verano de 1896, «el hijo y su madre» se acercan a la capilla de Lorezana (quitando una *g* se pasa de la realidad a la ficción):

> Era en el campo, a media ladera de una verde colina, desde cuya meseta, coronada de encinas y pinares, se veía el Cantábrico cercano. El templo ocupaba un vericueto, como una atalaya, oculto entre grandes castaños; el campanario vetusto, de tres huecos —para sendas campanas oscuras, venerables con la pátina del óxido místico de su vejez de munís o estilitas, siempre al aire libre, sujetas a su destino— se vislumbraba entre los penachos blancos del fruto venidero y los verdores de las hojas lustrosas y gárrulas, movidas por la brisa, bayaderas encantadas en incesante baile de ritmo santo, solemne. Del templo rústico, noble y venerable en su patriarcal sencillez, parecía salir, como un perfume, una santidad ambiente que convertía las cercanías en bosque sagrado. Reinaba un silencio de naturaleza religiosa, consagrada. Allí vivía Dios (42).

En este paisaje, donde vive Dios, todo parece igualmente consagrado, el templo que convierte las cercanías en bosque sagrado, el silencio religioso de la naturaleza, hasta el eco de la religiosidad oriental de Brahma sugerido por las discretas alusiones comparativas al *muní* y a las *bayaderas*. Si no tiene sentido la expresión «sincretismo panteísta», podría hablarse de poetización panteísta de la Naturaleza.

Notas y obras citadas

(1) Alas, Leopoldo, *Obras completas*, Oviedo, Ediciones Nobel, 2002-2010, t. VIII, pp. 796-800; pp. 810-816.

(2) *Ibid.*, p. 788.

— *El Nalón* (de Muro de Pravia), 1 de julio de 1899; *Obras completas*, t. IX, pp. 1031-1302.

(3) *O. C.*, VIII, p. 788.

(4) *Ibid.*, 780.

(5) *Ibid.*

(6) *Ibid.*

(7) *Ibid.*, p. 800.

(8) Alas, Leopoldo, «El sombrero de señor cura» (1897), *El gallo de Sócrates* (1901), *O. C.*, III, p. 778.

(9) Alas, Leopoldo, «La trampa» (1895), *Cuentos morales, O. C., III*, p. 657.

(10) Alas, Leopoldo, «El verano en Asturias», *O. C.*, VIII, p. 789

(11) Leopoldo Alas, *La Regenta*, ed. de Gonzalo Sobejano, Madrid, Castalia, 1981 (dos tomos) I, p. 98.

(12) *Ibid.*, I, p. 340.

(13) *Ibid.*, II, p. 83.

(14) *Ibid.*, I, p. 98.

(15) *Ibid.*, I, p. 340.

(16) *Ibid.*, I, p. 98.

(17) *Ibid.*, I, p. 99.

(18) *Ibid.*, I, p. 320.

(19) *Ibid.*, II, p. 483.

(20) Leopoldo Alas, «Boroña» (1893), *Cuentos morales, O. C., III*, p. 547.

(21) Leopoldo Alas, «Palomares», (1887), *O. C.*, II, p. 631.

(22) Leopoldo Alas, «El cura de Vericueto» (1894), *Cuentos morales, O. C.*, III, p. 707.

(23) Leopoldo Alas, «Cuesta abajo» (1890-1891), *O. C.*, II, p. 707.

(24) Coletes, Agustín, *Clarín y Carreño*, Ayuntamiento de Carreño, 2001.

(25) Leopoldo Alas, «El verano en Asturias», *O. C.*, VIII, p. 790.

(26) Leopoldo Alas, «Cuesta abajo», *O. C.*, II, p. 790.

(27) Leopoldo Alas, «Roma y Rama» (1896), *Siglo pasado, O. C.*, IV, p. 2031.

(28) *Ibid.*

(29) *Ibid.*, p. 2032.

(30) Leopoldo Alas, «Cuesta abajo», *O. C.*, II, p. 708.

(31) *Ibid.*

(32) *Ibid.*, p. 709.

(33) Leopoldo Alas, «Doña Berta», *O. C.*, III, p. 306.

(34) Leopoldo Alas, «Cuesta abajo», *O. C.*, II, p. 708.

(35) *Ibid.*

(36) Leopoldo Alas, «Adiós Cordera» (1892), *El Señor, y lo demás son cuentos, O. C.*, III, p. 406.

(37) Leopoldo Alas, «Doña Berta», *O. C.*, III, p. 306.

(38) Leopoldo Alas, «Cuesta abajo», *O. C.*, II, p. 550.

(39) Leopoldo Alas, «Boroña», *Cuentos morales, O. C.*, III, p. 550.

(40) Leopoldo Alas, «El Quin», *Cuentos morales, O. C.*, III, p. 623.

(41) LeopoldoAlas, «Palomares», *O. C.*, II, pp. 632-633.

(42) Leopodo Alas, «Viaje redondo», *Cuentos morales, O. C.*, III, p. 650.

CAPÍTULO 3

Leopoldo Alas, Clarín: un realismo de fronteras

Leopoldo Alas es conocido en Europa y en otras partes del mundo gracias a *La Regenta*, una obra que, aunque aún de forma tímida, empieza aser considerada un clásico universal. En España es ya otra cosa. La obra de Clarín, sus novelas y sus cuentos, así como su personalidad moral e intelectual, que informa un sinnúmero de artículos ensayísticos y de crítica literaria, superan el espacio de su tiempo. Tras un largo período de injusta postergación, Leopoldo Alas es reconocido hoy, en un grado distinto y tal vez superior al de todos los escritores de la segunda mitad del siglo XIX, como un «clásico contemporáneo». Su pensamiento filosófico —no conocido aún en toda su amplitud—, firmemente arraigado en la mejor tradición clásica e hispánica de las luces, se ha visto enriquecido por todas las corrientes europeas de la época, asimiladas con discernimiento y entusiasmo por Leopoldo Alas. Todo su pensamiento, tanto en su dimensión ética y religiosa como en la estética, merecería hoy ser conocido, difundido y discutido en en Europa, para respaldar el humanismo racional de un Habermas por poner un ejemplo, y contrarrestar las abdicaciones más o menos interesadas de los Adorno, Horkheimer, Vattimo y demás actuales «nuevos seudo-filósofos», más o menos mercaderes del invento llamado «posmodernidad». En nuestro globalizado y despiadado mundo disfrazado de engañosas apariencias de utilitarismo, el pensamiento de Leopoldo Alas podría leerse como el de un clásico —un clásico histórico— que vislumbró otra modernidad frustrada.

En cambio, su obra de creación «goza de eterna primavera» por alcanzar «lo bello permanente del fondo del alma humana a partir de la representación de la sociedad en que brota» (dicho con palabras de Urbano González Serrano, 1883, p. 155). A este aspecto de la obra clariniana, entendido como «lo bello permanente del fondo del alma humana», se han asomado varios estudiosos, cuyos trabajos han abierto y explorado perspectivas de imprescindible recorrido para quien desee comprender las dimensiones más profundas del arte de Clarín. Hasta hubo un tiempo en el que me limitaba, en mis intervenciones sobre este aspecto de «Alas adentro», a realizar un desglose de esos valiosos estudios; entre los que se encuentran los de: Sergio Beser y Carolyn Richmond —particularmente el que esta última dedica a «Vario»—, las iluminaciones que Antonio Vilanova proyecta sobre las «medias tintas» y «los caracteres indecisos», las sugestivas indagaciones de Laureano Bonet sobre las vibraciones simbólicas en el estilo de nuestro autor y, sobre el lenguaje de la música, los insuperables trabajos de Gonzalo Sobejano sobre «Poesía y prosa en *La Regenta*».

El artículo del profesor Sobejano «Los sentimientos sin nombre en *La Regenta*» fue el objeto de una reflexión sobre el lenguaje y sus límites en la obra de Clarín, o sea, sobre lo que llamo realismo de fronteras. Por eso, por la perspectiva abierta de «los sentimientos sin nombre», les propuse casi espontáneamente a Antonio Vilanova y a Adolfo Sotelo este título: «Clarín: un realismo de fronteras» (sin medir en un principio las dificultades de la empresa).

Hace tiempo, en efecto, que intuimos que uno de los aspectos más originales y más profundamente humanos del arte de Leopoldo Alas es su capacidad para adentrarse en espacios espirituales —predominantemente afectivos, no del todo alumbrados por la razón—, donde consigue expresar o sugerir la indefinida, y hasta cierto punto indefinible, luminosidad deparada por la intuición de los límites. Esta aptitud pre-bergsoniana (y nótese que es mucho decir en dos palabras), por no ser del todo conceptualizada, efectivamente se anima en un sustrato poético. Además, esta aptitud, que es también sensibilidad o, mejor dicho. capacidad empática, le permite al poeta y al narrador entrar en comunión hasta cierto punto no con la cosa en sí, sino con la percepción de la cosa en sí. Dicho sea de paso, para no abrir de modo redundante el debate kantiano, si estuviera del hombre poder entrar en la cosa en sí, no habría poesía; y pese al sueño de Hegel, bien sabemos que la ciencia nunca podrá disolver la necesaria percepción poética de una otredad irreductible; Hegel también, de vez en cuando, era poeta... como muchos constructores de sistemas, como Zola, como Taine y hasta como Comte... Lejos de estos posibles debates siempre abiertos —no extraños, por cierto, al tema del realismo de fronteras—, la lectura de algunas páginas de Alas nos ofrece el fascinante placer de seguir una sinuosa senda iluminada que nos conduce hasta las orillas de simas insondables, para que nos asomemos al misterio bien real de un espacio que se sitúa fuera de la jurisdicción de la palabra. Clarín, cuando dice estar para ello, llevado por el calor creativo y sin dejar nunca el campo de lo real, alcanza muy a menudo la zona fronteriza que separa lo que puede decirse con palabras de lo que no puede expresarse con el lenguaje común; las fronteras por las que se mueve son los límites de la posible captación humana de las realidades. Es una primera justificación del título realismo de fronteras. El problema no es nuevo: es eterno, universal y es el que le da carta de naturaleza a la poesía.

La originalidad, en nuestro autor, es que la poesía se desprende del relato, dimana de la narración; es decir, la poesía se vive como la vida de la que es inseparable. Ahora bien, no toda la vida es poesía; es más, sin prosa no podría haber poesía. Debido a ello, en un mismo espacio literario se pasa de lo más superficial, de lo más contingente, a lo más profundamente humano: del estar al ser; a veces, de lo vulgar a lo sublime, de la prosa a la poesía. Como todo se da en una misma narración, sin transición entre lo uno y lo otro, aunque con jerarquías implícitas (o explícitas) evidentes, podemos también hablar de realismo sin fronteras. Realismo de fronteras, realismo sin fronteras: en realidad, ambas expresiones son complementarias, y no por la cuadrícula estructural de lo horizontal y lo vertical que podrían sugerir, sino porque el arte de Clarín está muy por encima de cualquier geometría, aunque esta resulte, desde luego, necesaria como coordenada del relato. En cada una de las dos expresiones hay una palabra fija: realismo. Alas nunca se aparta de la realidad; para él la «materia novelable», además de la naturaleza, como para todos los novelistas de la segunda mitad del siglo XIX, es «el hombre y la sociedad contemporánea». Generalmente, por imperativo absoluto —es decir, moral y artístico— para él todo es realidad; incluso, el misterio. Es preciso subrayar de entrada esta fundamental orientación realista para soslayar las asechanzas de las analogías; por ejemplo, si se acerca al símbolo en la línea de Jean-Paul y de Baudelaire, como tan atinadamente revela Laureano Bonet, es a partir de lo real, no según la postulación simbolista de un mundo oculto tras las apariencias. Ese mundo oculto, no alcanzable por la razón y en gran parte incognoscible, es para Clarín una realidad; no se trata de presuponer su existencia. Estas primeras palabras son fundamentales aproximaciones, tan fundamentales que pueden parecer conclusiones; efectivamente, para los conocedores de nuestro autor estas aproximaciones no son postulados, sino perspectivas que pueden interpretarse como guías de lectura de las obras de Clarín.

Sería, por cierto, repetir un tópico de la crítica recordar que en *La Regenta* se enfrentan dos mundos: el de la contingencia vetustense y el de los valores de interioridad vividos por algunos personajes privilegiados. Es más sugestivo y más profundo, efectivamente, acercarse a esta obra maestra del gran realismo, como hace Gonzalo Sobejano, a partir del enfrentamiento de dos estilos, el de la prosa y el de la poesía. Es de observar que, en el estilo de Clarín, la prosa nunca es prosa prosaica, debido a la voluntad, dignidad y buen gusto del narrador, que siempre impone su arbitrio a través de procedimientos distanciadores como el humor o la ironía, cuando no de esos ingredientes poco conformes con las teorías estéticas del naturalismo, que son lo burlesco y lo grotesco. Esta dignidad artística que Clarín otorga a su narrador, podría ser uno de los rasgos distintivos entre el arte del autor de *La Regenta* y el de quien firma una novela como *Tristana*, pongo por caso, cuyo narrador se deja contaminar —por mimetismo (o demagogia), como demuestra Gonzalo Sobejano— por la vulgaridad de los personajes más vulgares (Sobejano, 1998). La prosa vetustense, bajo su forma común de falsa moral, códigos sociales petrificados, dogmas, envidia, hipocresía, vicios vulgares, etc., se derrama por los espacios sociales, colonizando gran parte de la conciencia de la mayoría de los personajes secundarios, que representan en su conjunto la humanidad media, con su urbana mentalidad intrahistórica. Enfrente, por decirlo así, surgen de ese medio individuos de personalidades bien definidas, extravetustenses como Frígilis y el obispo Camoirán o supravetustenses, como don Fermín y su madre, que dominan las reglas y los códigos sociales para manejarlos hábilmente en provecho suyo. Y está la protagonista, cuya hermosura física y moral es, en ese mundo de pasiones bajas —no por fuertes menos bajas—, una excepción. En un principio, antes de que empiece el drama lento que constituye el argumento, Ana es el único personaje que «vive la poesía del corazón frente a la prosa de la vida». Pero, a lo largo de esta primera novela de Alas, las cosas se matizan y enriquecen, las fronteras entre prosa y poesía se hacen en ciertos casos deleznables; mejor dicho, el estilo de la poesía se insinúa a veces en el campo de la prosa, como levadura de ciertos rasgos de humanidad sepultados bajo los escombros de costumbres petrificadas. Don Fermín, don Víctor, Saturnino Bermúdez llegan a derramarse por dentro, transformándose en personajes líricos; es decir, en personajes que se confiesan, aunque sea en grados muy distintos. Lo que primero debe subrayarse es que el narrador de *La Regenta* pasa, a veces en un mismo párrafo, de manera visible y sin transición, sin fronteras, del estilo de la prosa al de la poesía. Pero, para caracterizar el arte de Alas, resultan decisivos los momentos en que Ana y Fermín intentan comprender y expresar, como pueden, lo que les pasa; momentos en los que el narrador llega hasta las fronteras de lo conocido, de lo expresable, allí donde las cosas no tienen nombre, merced a «esa especie de sexto sentido abierto al arte literario» que es «la introspección del novelista en el alma toda, no solo en la conciencia de su personaje».

La segunda novela de Leopoldo Alas, no es producto de «la fuerza tranquila del gran realismo»; es ya reflejo —como a menudo se ha dicho— de las crispaciones del fin de siglo, y, sobre todo, de ciertas inquietudes íntimas del autor. En el espacio literario de *Su único hijo* se dibujan, como en *La Regenta*, pero en planos más o menos alejados, todas las realidades sociales y económicas de la época. Realidades cuya representación vale como documento —en prosa, por supuesto— para una lectura histórica de la España de la Restauración. En *Su único hijo*, sobre todo, la prosa lo ha invadido todo, y el estilo empleado, en lugar de realzar las cosas, gracias al humor o a la ironía, las allana en la pseudo-neutralidad de lo gris (pintura del entorno social) o las rebaja, por complacerse con cierta acritud, en lo grotesco (retrato de Marta y de su padre, de Nepomuceno, del propio Bonis) o en lo abyecto (pintura de Emma Valcárcel). La vulgaridad del entorno y de los personajes es prosaica, pero el estilo que adopta no es prosaísmo, sino prosa adecuada a la visión que el autor tiene de tal vulgaridad. Es prosaica por necesidad artística.

Pocas veces aflora en esta novela la poesía del corazón; escasas muestras pueden rastrearse en *Su único hijo* del llamado realismo de fronteras. Los únicos momentos realmente cargados de nostalgia poética son aquellos en que *Bonis* intenta coincidir con algo suyo del pasado, con algunas huellas de su identidad desbaratada: frente a la casa derruida de su infancia y cuando vuelve, como un Ulises contemporáneo, a la sanchopancesca ínsula de sus «Raíces». Entonces, el narrador alcanza esa vibración del auténtico sentir que algunos críticos califican de preproustiana. En cuanto a la idea del hijo como redención —redentora para el protagonista, pero también para ese mundo gris, sin luz de futuro—, es tan potente que el personaje la interioriza de forma vivencial, aunque la reduce a lugares comunes —«la cadena de los padres y de los hijos»—, sin dejar que le inunde el corazón con emoción y ternura. La lógica de la necesidad no permite salvar las fronteras y la poesía, la íntima poesía resulta aquí notablemente hipotecada.

Después de la redacción apasionada de *La Regenta*, que fue como echar deprisa en el papel todo un mundo que llevaba en gestación avanzada, es evidente que a Clarín le cuesta trabajo escribir obras narrativas de cierta amplitud. Los anuncios perentorios y repetidos de nuevos títulos dirigidos a editores y amigos revelan, por cierto, una gran actividad imaginativa y un febril deseo de escribir novelas; así como la necesidad de imponerse nuevas obligaciones que orientasen sus actividades en medio del caleidoscopio de una vida interior inquieta, dominada con frecuencia por los nervios. Lo cierto es que le cuesta trabajo concluir su segunda novela, aunque como reconocería más tarde la crítica —ya desde Azorín—, se trate de otra obra maestra. Desde 1885, Clarín confiesa con frecuencia —como hace a su editor— que, aunque «sentado a la mesa para escribir», no está siempre «para ello». En cambio, y es lo que interesa y justifica este rodeo biográfico, el cuento se adapta perfectamente a los impulsos creativos de un temperamento inquieto y solicitado por muchas actividades diversas; y es en el cuento, donde en Clarín se dan las más claras muestras del realismo sin fronteras y, sobre todo, donde se rozan los más sinuosos límites de lo alcanzable por el lenguaje.

En casi todos los cuentos de la edad madura (y Alas tiene conciencia de alcanzar la edad madura ya desde los treinta y tantos años), tanto en los por él llamados «morales» como en otros no así denominados, también en diversas páginas de sus dos novelas, se encuentran superpuestos o entrelazados varios niveles de expresión de una realidad literaria siempre compleja. Puede observarse que, en un primer nivel, el cuento está vertebrado por el relato propiamente dicho, aquel que se apoya en coordenadas de espacio concreto y de tiempo determinado y que se construye mediante la representación de elementos «objetivos» proporcionados por la naturaleza o por la prosa —en sentido hegeliano— de las necesidades sociales (códigos, costumbres, leyes económicas, etc.). En este primer nivel narrativo es donde se cuenta la historia, se retrata a los personajes, se evocan las relaciones sociales, se describen las cosas. Pero la narración de este relato —que podría bastarse a sí mismo como representación de una realidad humana en estricta relación con la historia del momento— se abre siempre, de forma natural, sin transición ni frontera, a otro relato, focalizado en la vida interior de un personaje. Este profundo y segundo relato se ordena, en general, en torno a un núcleo vital en el que se dramatiza, de un modo más o menos patético, uno de los grandes problemas de la vida: el amor, la muerte, el afán de inmortalidad, la aspiración al absoluto, el deseo y la necesidad de Dios. Este segundo relato da lugar a otra narración más flexible, más vagarosa, ordenada (o desordenada) por los impulsos de una afectividad que domina un tiempo «psicologizado», en el cual se mezclan deseos e ilusiones, recuerdos y nostalgias, esperanzas y temores, etcétera, etcétera. Allí es donde el narrador, que acompaña en empatía a su personaje, se enfrenta (no es la palabra, no la hay) con realidades indecibles, de fronteras.

Tal es, poco más o menos, el esquema de casi todos los cuentos «morales». Un esquema que responde a la intención del autor, para quien no es lo principal —en la mayor parte de esas invenciones— «la descripción del mundo exterior ni la narración interesante de vicisitudes históricas, sociales, sino el hombre interior, su pensamiento, su sentir, su voluntad» («Prólogo» a *Cuentos morales*, 1895). En muchos casos la poesía de las fronteras supera de modo inefable la intención proclamada.

Me limitaré a algunos ejemplos.

En *Boroña*, puede decirse que plantea, una vez más, el problema histórico de la emigración obligada por motivos económicos de algunos miembros de las pobres familias campesinas de Asturias. En este cuento se narra la historia tópica del emigrado que parte pobre y regresa, tras una vida de trabajos y ahorros, convertido en rico indiano, para terminar sus días en la tierra que le vio nacer; y se da además el caso de que la familia pobre, conocedora de su fortuna, espera su regreso con la esperanza de saciar su codicia. Este primer nivel del relato es perfectamente coherente: podría leerse como un documento histórico más sobre la emigración, el indiano o la codicia campesina. Pero todas estas cuestiones temáticas no son sino elementos necesarios para enmascarar una tragedia, o, dicho con menor crudeza, para sostener el otro relato: la narración de toda la vida interior de Pepe Francisca. En América, su afán aparente era ganar dinero, cada día más dinero, pero su deseo profundo, permanente, era el de volver a su tierra para vivir con su madre, a quien siempre veía con los ojos del niño que era cuando salió de su aldea. Al regresar enfermo, con fiebre y en trance de muerte, intenta desesperadamente revivir —a través de sensaciones afectivas, en las fronteras de lo inconsciente— las evocaciones vitales de la plenitud de la infancia.

En *El entierro de la sardina* todo es prosa: prosa la vida en una ciudad levítica, prosa las diversiones que acompañan las fiestas del entierro de la sardina, prosaico el héroe de las fiestas; hombre que, al final del cuento, viejo ya, se muestra espeso y grosero. Este primer relato, que llena casi todo el espacio literario del cuento, oculta la historia no contada de Cecilia Pía, detrás de cuyo desarrollo se adivina la palpitación de un amor disimulado que se sufre en silencio. Solo al final del cuento (y al final de una vida) se comprende lo que fue un destino fiel a un amor imaginado y se sugiere la soledad de una mujer tendida durante toda la existencia hacia lo otro imposible. Pero esta novela no se cuenta; el narrador da el punto de partida de la posible historia de Cecilia y el final. Todo pasa como si el narrador desistiera de las palabras por temor a caer en las vulgaridades de la novela rosa; en este caso, Clarín alcanza el límite del realismo: el que sugiere una historia literaria real, sin contarla, dándole así su total plenitud poética.

En *Un jornalero*, pueden verse tres estratos de significación: primero, la historia del motín, de la revolución, que revela —según el narrador— la estupidez y la vulgaridad de los revolucionarios; por debajo del tumulto del primer nivel, emerge el temor del intelectual al tomar conciencia de los posibles trastornos de los valores culturales y filosóficos, para él fundamentales; todavía más abajo, aparece el tema universal de la supervivencia del hombre en sus obras —derivada del afán de inmortalidad—, que se desarrolla de manera casi lírica en otro cuento: *Vario*. Vario, el poeta latino olvidado, rescatado y recreado por Clarín como un hermano gemelo, huye de Roma para ir al encuentro de la muerte, más allá de la búsqueda de una ilusoria inmortalidad a través de la poesía, a la que ha entregado toda su alma.

La historia de *El Quin* es, en cierto modo, la biografía de un perro ordinario, contada por un narrador que, de vez en cuando, traspasa la frontera de su propia conciencia para adentrarse en la borrosa interioridad del animal e intentar percibir las cosas de un modo ante todo afectivo, como es verosímil que las perciba un perro; es decir, un ser carente de razón y cuyas facultades de comprensión son muy relativas. El narrador, en simpatía con el Quin, descubre que este no necesita de la palabra para establecer relaciones de comprensión con su entorno e incluso de comunión con los seres amados. El Quin tiene un lenguaje que es realmente un lenguaje de fronteras, el lenguaje de la afectividad, no del sentimiento (que es el grado superior de la percepción afectiva), sino del sentir, como veremos. Hasta se podría decir que este perro vulgar es para el autor un yo experimental, un yo elemental. La «experimentación» (o el «experimento», o como pueda llamarse) es vertiginosa desde el doble punto de vista artístico y metafísico. El cuento ilustra —como *Boroña*, como *El Torso*, como *El entierro de la sardina*, como *¡Adiós Cordera!*, como otros muchos— el juicio de Clarín según el cual «en toda realidad se puede ver poesía».

Redención artística parecida es la del criado fiel llamado El Torso, cuya biografía da lugar a un relato que es también la historia, en segundo grado, de una relación afectiva; pero donde el sentir, aunque innominado como siempre en su real vivencia, puede identificarse en la zona imprecisa de las fronteras narrativas, según el vocabulario aproximativo del sentimiento.

El Señor es otra «experimentación» *fronteriza*. El relato biográfico de Juan de Dios, a partir del momento en que la mirada de la niña ilumina la vida interior del joven y puro sacerdote, hasta el terrible clímax del punto final, es la narración del intenso vivir de un sentimiento sin nombre; pero es el intento, de parte del narrador, en estrecha empatía con su personaje, de seguirle hasta donde es posible en su voluntad de comprender ese deseo, ese amor tan vivo, entre divino y humano, incomprensible para los demás. Parece que Clarín ha creado este ejemplar personaje, ejemplar por la pureza de su fe, para poder explorar con más hondura ese auténtico sentimiento sin nombre, entre fraternal y carnal, experimentado por Fermín de Pas, desde el lenguaje «de un cariño puro, desinteresado y realmente místico, sin dejar de ser ayudado por simpatía carnal» (Alas [1892]; 1991, p. 274).

Clarín emula el relato de Renan: «Une idylle monacale au XIIe siècle» (Renan, 1884).

Otros muchos cuentos y novelas cortas, no menos artísticos y, en última instancia, no menos filosóficos, podrían citarse como ejemplos en Clarín de un realismo sin fronteras que se insinúa en las zonas opacas del deseo, del sentimiento o del sentir; ahí donde, más allá de las fronteras del lenguaje racional, se rozan los mundos de lo inefable. Ya en 1910, Azorín había comprendido la originalidad de Clarín respecto a los demás escritores de la segunda mitad del siglo XIX, Galdós inclusive:

> Es Galdós un pintor excelente, agudo, de costumbres españolas; pero en sus libros no se pasa más allá de esta notación exacta y real de la vida y de la sociedad. En Clarín, por el contrario, tras de la primera realidad, hay otra más lejana, más honda; sus cuadros, sus pinturas, tienen algo más de lo que se ve y lo que se toca; existe en ellos, algo a manera de un más allá, de una idealidad, que no es puramente contingente y actual (*La Vanguardia*, 19-VIII-1910; citado por Sotelo, 2001, 406).

Es decir, como se ha dicho, «lo bello permanente del fondo del alma humana», a partir de las realidades históricas del momento, pero con tal de que, por *lo bello*, se entienda la «sustancia poética» de la vida, incluso de la vida prosaica que, desde luego, deja de serlo.

Es natural que nos preguntemos, ¿cómo puede Clarín percibir y vivir, hasta cierto punto, ese mundo límite, situado más allá de las fronteras racionales, ese mundo de la afectividad sin nombre, ese mundo del misterio, presentido pero inefable? ¿De qué arte se vale para sugerirlo, para hacérnoslo sentir y, hasta cierto punto, vivir?

* * *

Tal vez deba matizarse el juicio de Azorín en lo que respecta a Galdós, pues este, según el propio Clarín al hablar de *Realidad,* se adentra cuando puede en «el arte del alma». Sin embargo, es evidente que al padre de Isidora, de Fortunata y de Tristana, por pudor o por recelo, no le gusta aventurarse en las zonas opacas de las interioridades no alumbradas por la conciencia. Por eso, tal vez se apoderó Buñuel de Tristana, para darle el trasfondo humano del que carece el personaje literario. Pérez Galdós se acerca al misterio, pero se detiene cerca de la frontera, lo observa desde una posición segura. Isidora, Fortunata, Tristana sueñan, pero de sus sueños el narrador hace una descripción como desde fuera, mientras que Clarín vive de modo sinestésico el de Ana, hasta sentir, como subraya Sobejano, el «olor y el sabor del infierno» (Sobejano, 1984). Los santos y las santas de Galdós son santos de acción: no se interrogan, no vacilan, no dudan —ni siquiera Benina—. Obran. Habría, en efecto, mucho que decir sobre el arte respectivo de ambos novelistas. Baste decir que, para Alas, no hay fronteras; ni siquiera se detiene en la línea que separa lo racional de los «interiores ahumados». Por eso todos sus personajes tienen su zona de sombra, incluso el pobre Casto Avecilla.

En Clarín se da el caso de una gran lucidez racional, de una ingente cultura que alumbra con multitud de luces referenciales el caminar intelectual, lo cual permite elevar siempre alzar el debate —cualquiera sea— a la mayor altura. Y, sobre todo —y es lo que nos atañe explicitar— posee una capacidad empática fuera de lo común. Sabe, y discretamente se lo dice a su admirado don Benito, que «es necesaria esa especie de sexto sentido abierto al arte literario, gracias a la introspección del novelista en el alma toda, no solo en la conciencia de su personaje» (*La Ilustración Ibérica*, 15-IX-1888; *Ensayos y revistas* [1892]; 1991, p. 246).

Cuando teoriza sobre el naturalismo, en 1882, sabe y afirma que el novelista debe acudir a «esas facultades que en general se llaman intuitivas, cuyo estudio, añade, aún está por hacer científicamente» (Beser, 1972, p. 147), para no solo conocer la realidad, sino «sentirla, amarla y casi entrar en ella, o que ella entre en nosotros» (*ibid.* 127). Antes, en 1876, relacionaba, de pasada, la intuición con el amor a propósito de *Recuerdos de Italia*: «La fantasía en Castelar, como en todo gran poeta, tiene algo de profecía, es intuición que adivina secretos, es amor que penetra en la esencia del objeto amado» (*La Ilustración Española y Americana*, 5-XI-1876; *Solos* [1881]; 1972, p. 95). En «Un Voto», cuento conceptualizado en torno a la idea del hijo (como en su segunda novela), Clarín critica «a los espíritus *geométricos*», de «intransigencia esquinada», a los que casi tiene lástima porque «no pueden ellos comprender esta *plasticidad* del misterio; la seguridad con que se apoya, si no los pies, las alas del espíritu, en la bruma de lo presentido, de la intuición inspirada» (*La Ilustración Española y Americana, Almanaque para 1898. El gallo,* p. 51). Podrían espigarse muchas alusiones teóricas a la intuición, considerada como medio de conocimiento de las profundas realidades inalcanzables por la razón y, sobre todo, como necesaria aptitud del novelista que quiere penetrar «en el alma toda» de su personaje. Clarín no convierte la intuición ni la introspección en un medio sistemático de conocimiento para construir, a partir de los elementos así revelados, una filosofía completa. Sin embargo, sus meditaciones introspectivas —y, sobre todo, sus creaciones empáticas— lo acercan notablemente al pensamiento bergsoniano. No debe sorprender, por tanto, que fuese en España el primero en conocer al filósofo de *Los datos inmediatos de la conciencia*, y también quien mejor lo comprendiera; mejor, en todo caso, que no pocos intelectuales parisienses, como Fouillée: «Autores tan serios y penetrantes como Fouillée, juzgando a Bergson, demuestran que no le han entendido más que a medias» (*El Español*, 20-XI-1899).

¿Qué relación hay entre la empatía y la introspección? La empatía es la capacidad de comprender a otro, de vivir lo que vive, de penetrar en su alma y de experimentar lo que experimenta. La introspección es la observación de los propios estados de ánimo o de conciencia; es decir, el novelista, en estrecha simpatía con su criatura, puede someterla a examen introspectivo. Y aunque esta no deje de ser obra suya, un reflejo del propio escritor en su personaje, el resultado puede ser muy distinto: ¿qué relación hay entre Pepe Francisca, El Torso, El Quin, Juan de Dios, Fermín de Pas, etc., y Leopoldo Alas o los muy cercanos Narciso Arroyo de *Cuesta Abajo*, Jorge Arial de *Cambio de luz,* o Vario? En estos últimos casos se habla de autobiografía más o menos transparente, aspecto estudiado por Laura de los Ríos (1965). Pero Clarín sabe también que, como dice Ana Ozores, «no hay alma que no tenga su poesía en el fondo» *(La Regenta*, ed. de Sobejano, II, 391; en adelante *LR*); frase que podría ser el epígrafe de sus cuentos. Y, sobre todo, sabe por experiencia vivencial que en el fondo del alma los hombres se parecen. Por eso él, Clarín, profundamente creyente a su modo, puede encontrarse en honda simpatía con Baudelaire (léanse de nuevo las inolvidables lecturas de Josette Blanquat, 1959, 1961), comprender a los ateos Leopardi y Antero de Quental, y llorar con Shelley cuando niega a Cristo. Porque puede dejarse llevar —¡suprema poesía!— por «esta tendencia casi mística a la comunión de las almas separadas por dogmas» (*La España Moderna*, IX, noviembre de 1889, artículo sobre *La Unidad Católica* de Díaz Ordóñez; *Ensayos y revistas*

([1892]; 1991, pp. 181-199). Posada confiesa que Leopoldo le dijo un día que estaba a punto de escribir un diálogo entre Santa Teresa y Darwin.

* * *

En los relatos de Clarín —se ha dicho— la poesía se desprende de la narración, se vive como la vida de la que es inseparable y de la que sigue el ritmo. Y la poesía, como también se ha dicho, nace de la prosa que recorre la superficie del relato; en otra zona «no lejana» —según Azorín—, pero más profunda y más opaca, donde laten los imperativos vitales, más o menos misteriosos, que se llaman genéricamente amor, muerte, afán de inmortalidad: los grandes temas universales de la literatura. Ahora bien, esas realidades se viven más que se piensan, son cosas más del corazón que de la cabeza. Y Clarín sabe que esas cosas, que en la vida interior están alumbradas solo en sus fronteras por las luces de la razón, son ante todo afectividad. Cuando se entera de la teoría de las neuronas iluminadas por Ramón y Cajal y Golgi, imagina maravillado «esas famosas cabelleras de nervios diminutos que las grandes inteligencias tienen por camino para llegar a las cosas». Y, acto seguido, comenta:

> También debe de haber neuronas del corazón, cabelleras sentimentales para hacerse cargo de esas vibraciones más íntimas de los seres que son como su música recóndita, a la que solo se llega por la estética. Y el hombre que no comunica por hilos infinitos con ambos aspectos de la realidad no la penetra (Los *Lunes de El Imparcial*, 11-III-1895; Lissorgues, 1996, pp. 208-209).

Por intuición y empatía, el autor trata de vivir en su mayor plenitud lo que le pasa por dentro al personaje; es decir, intenta sentir esa luz opaca y ese calor difuso que desprende la vida interior. El narrador —pues el poeta de la intimidad es un narrador— se afana por buscar el lenguaje de la afectividad.

Pepe Francisca sabe confusamente que va a morir, pero el impulso vital hace que lo olvide. Todo su ser tiende a coincidir afectivamente con quien fue, pues tiene la sensación de que, ya que lo fue, puede serlo de nuevo y así seguir siendo. El deseo inconsciente de la vuelta a la infancia es el deseo de volver a la plenitud de la inconsciencia. Por eso debe a la boroña que le daba fuerzas cuando niño —ilusorias, pero necesarias— tablas de salvación: «los perfumes, para él exquisitos, del establo» estaban «llenos de recuerdos de la niñez primera: le olía el lecho de las vacas al regazo de Pepa Francisca, su madre».

Pepe Francisca, como muchos de sus compañeros de ficción —Bonis, en *Raíces* o delante de las ruinas de su casa de la infancia; Ana, meditando cerca de la Fuente de Mari Pepa; el mismo Narciso Arroyo, de *Cuesta abajo*; Juan de Dios y otros tantos—, vive sin pensar lo que los sabios y los poetas llamarían pocos años después «memoria afectiva», y que Clarín es uno de los primeros en descubrir en la dinámica de la narración. Cuando se conozca mejor a Leopoldo Alas en el ámbito europeo, se impondrá como un eslabón decisivo en la progresiva emergencia del conocimiento de la interioridad, que va desde Maine de Biran —pongo por caso— hasta Bergson, Antonio Machado, Proust… Es, probablemente, el primer escritor que tiene la intuición del caótico tartamudeo del lenguaje interior, aunque no se atreva aún a darle forma, como hará, varios lustros después, James Joyce: «Bien sabemos ya todos […] que pensamos muchas veces y muchas cosas sin hablar interiormente, y otras veces hablándonos con tales elipsis y con tal hipérbaton, que, traducido en palabras exteriores este lenguaje sería ininteligible para los demás» (*La Ilustración Ibérica*, 15-IX-1888; *Ensayos y revistas* [1892]; 1991, p. 247).

He aquí algunos ejemplos de expresión de la memoria afectiva: Narciso Arroyo, frente a un paisaje tal vez visto en su niñez, confiesa: «Sentí en el alma, y hasta vagamente en los sentidos, como el gusto de una reminiscencia de la niñez, que quitaba el carácter de absoluta novedad a lo que iba viendo»; y después meditando: «El resultado de aquella evocación era muy parecido a lo que puede llamarse el recuerdo de un perfume o de una música; más de un perfume» (*Cuesta abajo* [1891]; Rivkin, 1985, p. 116). La memoria afectiva es una forma de lenguaje del corazón que no puede expresarse directamente, sino a partir del color y del calor de la sensación que trae al recuerdo algo de lo vivido anteriormente, en otra ocasión. Después de «recibir» la mirada de la niña, a Juan de Dios «le asaltaba un recuerdo mezclado con la reminiscencia de una sensación lejana. Olió, con la imaginación, a agua de Colonia» (*El Señor* [1893 b]; 1988, p. 54).

El lenguaje de la afectividad está más allá de las fronteras del lenguaje racional.

El dúo de la tos, muestra que no se comunica solo con palabras: «El 36 fue transformando la tos del 32 en voz, en música, y le parecía entender lo que decía, como se entiende vagamente lo que la música dice» (*Cuentos morales* [1896]; 1973, p. 83). En la misma página, leemos esta fulgurante observación fortuita: «El país de los ensueños, en que todos los ruidos tienen palabras». Más allá de la frontera de la razón, hay que salvar la frontera de los ensueños para que las cosas se vuelvan claras; al menos, con la claridad del sueño.

La vida interior del perro Quin es afectividad casi pura, orientada por algo como embriones de ideas, agitada por amodorrados recuerdos. El Quin percibe directamente las cosas a través del ruido de las palabras y del movimiento de los gestos: «No distinguía las palabras de los gestos y actitudes porque en todo ello veía la expresión directa de la ideas y sentimientos» (*Cuentos morales*, p. 150). Los dueños del Quin eran sus amores —escribe el narrador—, y sus amores los concentraba todos en Sindulfo, su dueño; los dos «se comprendían por señas, por actos acordes». El Quin «le leía en los ojos, y en el modo de trabajar en la taracea, sobre todo en el tañer la flauta, el fondo del alma» (*ibid*., p. 156). La intuición del autor cala tan hondo en la vida interior del perro, y con tal verosimilitud, que no es posible hacer del cuento una lectura alegórica; se impone en primer lugar como un buceo en una vida elemental, en una conciencia sin luz de ideas (o serán ideas sin nombre), pero profundamente animada por los afectos. Solo al final, de una manera más didáctica que artística, el narrador, después de explicar que el Quin siguió padeciendo sin saber por qué, intenta dar a su cuento un alcance simbólico:

¡Quién sabe si muchas tristezas humanas, que no se explican, tendrán causas análogas! ¡Quién sabe si los poetas irremediablemente tristes serán ángeles desterrados… del cielo… y sin memoria! […] El Quin no tenía el recurso de hacerse simbolista, ni de crear un sistema filosófico, ni una religión (*ibid*., 162) […] Y le quedaría el dolor, intenso, sin conciencia de su causa (*ibid*., 165).

En este cuento, más que de sentimiento, se trata de sentir: de un sentir captado en su movimiento, en su vivir, sin que sea posible —ni oportuno— nombrarlo como sentimiento. Si bien se mira, lo mismo puede decirse de lo que le pasa a Pepe Francisca, al 36 y al 32 de *El Dúo de la tos*, a Fermín, a Juan de Dios; en cambio, en *El Torso*, por ejemplo, puede hablarse de sentimientos, pues los expresados o sugeridos en el cuento pueden ser identificados con palabras: amor, dolor, reconocimiento, ingratitud... A ellos puede acercarse el vocabulario corriente, para nombrarlos y expresar, con elementos lingüísticos, sus manifestaciones exteriores o íntimas. No se dice todo, pero se sugiere bastante como para que se perciba algo de la pena, de la tristeza, de la resignación del personaje. Un paso más, y se volvería a pasar la frontera para caer en el sentimentalismo, más o menos lacrimoso. Pero en Clarín, el sentimiento guarda siempre la pureza de su dignidad.

En *El Señor* es donde la introspección del novelista revela el alma toda del personaje, a partir de una insólita coincidencia empática, deparada por el matizado sentir de las delicadas intuiciones. Juan de Dios, como Fermín, se encuentra en la necesidad de comprender lo que le pasa. El Magistral de *La Regenta* siente y cree que lo que experimenta es algo insólito, que no tiene nombre, pero no se atreve a ir más lejos: «Lo que importaba era la cosa, no el nombre» (*LR*, II, 196); por lo que en cierto modo reacciona como un positivista sin religión. Juan de Dios tampoco puede expresar lo que le pasa; lo único que sabe es que no se siente culpable y, sin embargo, movido por una fe intachable, intenta hacer comprender a los demás lo que vive por dentro. En el confesonario, las palabras solo abren la alternativa: o es pecado, o es tontería sentimental y seudomística; mientras que Juan se ve encerrado en su propio lenguaje del corazón, sin posibilidad de comunicación. Incluso él mismo opone la representación vulgar de su propio sentir a la verdad inefable de lo que experimenta.

Si me viera obligado a presentar una cita para justificar el título de realismo de fronteras, elegiría esta frase en indirecto libre:

Si la plasticidad tosca, grosera, injusta con que se representaba a sí mismo su sentir era ya cosa tan diferente de la verdad inefable, *incalificable* de su pasión, o lo que fuera, ¿cuánto más impropio, injusto, grosero, desacertado, incongruente había de ser el juicio que otros pudieran formar al oírle confesar lo que sentía, pero sin oírle sentir? *(El Señor*, p. 58). [...] Al fin, Juan acabó por callar en el confesionario todo lo referente a esta situación de su alma, y pues él solo, en rigor podía comprender lo que le pasaba, porque lo sentía (*ibid.*, p. 59).

Las neuronas del corazón mandan a las neuronas de la cabeza: Juan de Dios comprende lo que le pasa porque lo siente.

En este cuento aflora la intuición de que ciertos sentimientos son independientes de sus causas, como si tuvieran, como sentimientos —mejor diríamos como *sentires*—, naturaleza propia. Juan «supo lo que era melancolía, desequilibrios del alma, por la primera vez. Su estado espiritual era muy parecido al del amante verdadero que padece el desengaño de un único amor» (*ibid.,* p. 51) Aquí habla el narrador superior a su personaje y establece una analogía entre lo que experimenta Juan y lo que podría sentir un amante abandonado. Ese *lo* es algo que parece, pues, tener naturaleza propia, ya que provoca en dos sujetos distintos un dolor parecido, una añoranza semejante, una misma vibración.

Y, sin embargo, el narrador, en su exploración del alma toda del personaje, no disimula nada. Juan, el enamorado de Dios, busca a través de los ojos de la niña una vida más ideal, y eso que esta mirada, aunque depurada de toda posible significación sexual, tiene —quiérase o no— sus ramificaciones carnales: «Por sitios de las entrañas que él jamás había sentido, se le paseó un escalofrío sublime, como si fuera precursor de una muerte de delicias: o todo iba a desvanecerse en un suspiro universal, o iba a transformarse en un paraíso de ternuras inefables» (*ibid.*, p. 54). Algo semejante debía de sentir Fermín, a pesar de toda la fuerza de su razón y del vigor de su inteligencia, cuando, al principio, veía a Ana acercarse a su confesionario, o cuando, dominado ya por la pasión, «odiaba cuanto pudiera perturbar […] el delirio sin nombre que gozaba en presencia de Ana» (*LR*, II, 257). Algo parecido experimentó *Serge Mouret*, enajenado en Le Paradou (*La faute de l'Abbé Mouret*, de Zola); el naturalismo, para un verdadero realista, no riñe con la poesía…

* * *

Hay poesía porque hay misterio.

Para Clarín, la razón es luz, una cualidad singular del espíritu humano y una conquista de los siglos. La ciencia es una buena herramienta para cumplir con la obligación de ensanchar su campo, pero el misterio es también una realidad: misterio de la vida y de la muerte, misterio de la vida interior, de la cosa en sí, del otro; misterio del lenguaje y de sus relaciones con las cosas, misterio del misterio. Leopoldo Alas ha pensado mucho en ello, y su idea del misterio, su modo de sentirlo y de vivirlo, condiciona su vivencia y su expresión de la poesía.

La única explicación aceptable, que no borra el misterio, sino que le da sentido, es Dios. Un Dios de la razón, implicado por una especie de apuesta a lo Pascal: «Si hay Dios, todo está bien; si no hay Dios, todo está mal», repite Jorge Arial antes de que *cambie de luz*. Pero ese Dios de la razón es un Dios desconocido, irrepresentable; es decir, extraño a todas esas representaciones que los hombres pretenden dar de él. Extraño a los dogmas que se le atribuyen; si bien, el

secreto más íntimo del universo es el amor, como descubre
con dolor —cuando ya no puede volver atrás— el Fausto de
«Nuevo Contrato»: «El secreto de la realidad, el fondo del
ser, el primer móvil es el amor. Amar, sentir, eso es todo.
La ciencia absoluta nos dice eso, nada más: sentid, amad.»
(«Nuevo contrato», *Doctor Sutilis*, 1916, p. 227). Dios es amor,
es el Padre común necesario; cada hombre, cada padre de
familia, se llama Glauben —es decir, fe en alemán—, para
poder exclamar que la idea de la realidad, el universo sin
cariño paternal, es «demasiado horrorosamente miserable
para no ser falsa» («Un grabado», *Cuentos morales*, p. 109).
Dios, un Dios del corazón es una necesidad y, desde luego,
una duda poética.

No se sabe hasta qué punto Clarín hace suya la idea de Schopenhauer, profundizada y difundida por Richard Wagner,
según la cual la música es la expresión del sentimiento. Lo
cierto, es que para él la música puede ser expresión de lo inefable de la experiencia religiosa; así, el hijo de «Viaje redondo»,
al asomarse en un momento de su trayectoria vital a las verdaderas realidades, ve que las cosas empiezan a

> tener un doble fondo que antes no les conocía. Era un
> fondo así, como si se dijera, musical. Mientras hablaban los
> hombres de ellas, callaban; pero el curioso de la realidad,
> el creyente del misterio, que, a solas, se acercaba a espiar el
> silencio del mundo, oía que las cosas mudas cantaban a su
> modo (*Cuentos morales*, p. 189).

Y no es necesario ser un experto en música para sentir
las sugestiones de los sonidos armoniosos, Alas confiesa al
músico don Tomás Bretón que él no entiende una palabra de
música, y que, además, tiene muy mal oído (*Madrid Cómico*,

23 de octubre de 1886). Jorge Arial tampoco es músico y, sin embargo

> prefería entenderse con los suyos por música ¡Oh, de esta
> suerte, sí! Beethoven, Mozart, Händel, hablaban a todos
> cuatro de lo mismo. Les decían, bien claro estaba, que el
> pobre ciego tenía dentro del alma otra luz de esperanza,
> luz de amor, de santo respeto al misterio sagrado (*El Señor*,
> p. 97).

En Clarín, la razón nunca abdica de sus derechos, y si bien siente el encanto de ciertas explicaciones irracionales del misterio, antiguas o modernas, no las acepta. En 1887, confiesa a Giner que no entiende que su amigo Aramburu, catedrático de Derecho Penal, hombre «muy bueno y muy inteligente», crea en lo sobrenatural: «para mí eso constituye un jarro de agua fría» («Carta a Giner», Gómez-Tabanera, 1985). Se muestra receptivo ante las creencias orientales que afloran, de vez en cuando, en sus relatos (la zabala de ¡Adiós Cordera!, el *Ramayana*, las *bayade*ras de *Viaje redondo*, etc.); escribe al respecto Carolyn Richmond: «El Oriente es para él como fuente de un nuevo espiritualismo renovado que él relaciona vagamente con la poesía» (Richmond, 1990, p. 18). Vario, verdadero hermano gemelo de Leopoldo, «no creía en nada positivamente, pero cualquier prestigio, una alucinación, una superchería encontraría su razón débil y dócil al encanto» (*Cuentos morales*, p. 91). Clarín también se muestra dócil al encanto de un «superchería», aunque esta sea para él, como para *Vario*, «un vicio de la inteligencia» (*ibid.*, 90).

La naturaleza ¿puede verse realmente como un gran libro abierto, que ofrece a la mirada signos de realidades escondidas, como afirman los místicos, los románticos alemanes y particularmente Jean-Paul Richter? Como respuesta a tan importante pregunta, núcleo de la orientación simbolista de la segunda mitad del siglo xix, remito al insólito estudio de Laureano Bonet titulado «Clarín, Jean-Paul, Baudelaire: un tríptico simbolista», que alumbra esta delicada cuestión. No se le escapa a Bonet que Clarín, si bien se acerca a «las lindes de la sima simbolista del meta-lenguaje, del no-lenguaje incluso […] no se atreve a introducirse en tal sima; y ese temor o esa timidez, explicaría, en buena parte, su incomprensión hacia las vanguardias finiseculares» (Bonet, 1987, 965). Todo está perfectamente dicho, pero yo considero que no hay recelo ni timidez por parte de Alas, sino un rechazo lúcidamente asumido, pese al encanto. Ese encanto lo reconoce, en 1893, en la concepción de Carlyle, para quien «las cosas particulares, aisladas, son, como tales, en rigor, una apariencia, símbolos; si no fueran más que eso que parecen, no serían nada; su verdadera realidad, la que merece la pena de amarla y estudiarla, es invisible, está en la oscuridad, en el fondo… y también en el misterio» (Alas, 1893a, I, p. 16). Pero para Carlyle, lo que importa es la percepción de lo divino (*ibid.*, I, p. 14). Un encanto que ya encontraba su expresión en 1880, en el artículo que dedica a *El Tren directo* de Ortega Munilla, especialmente en la siguiente frase, también citada y analizada por Laureano Bonet: «En la naturaleza, donde quiera, millones de millones de objetos con mil posturas y contorsiones nos hacen señas para que leamos en su misterioso alfabeto, a guisa de arabesco, la ciencia oculta que presintieron las patrañas supersticiosas» (*Solos*, p. 286).

Esta frase hace eco a otra de Jean-Paul, citada y comentada por Bonet (p. 952) con las siguientes palabras: «los guiños simbólicos que emiten las criaturas de la naturaleza» permitirían conectar con «las esencias más recónditas de dichos seres» (p. 958). A mi modo de ver hay semejanza de sentido («las cosas hacen señas», «los guiños simbólicos»), pero el alcance es distinto. En el poeta alemán, según Bonet, la conexión es posible con las esencias más recónditas de los seres; para Clarín, esos signos no pasan de misteriosos alfabetos, a partir de los cuales, a lo más, se presintieron «patrañas supersticiosas», es decir, falsas leyendas, pretextos, alucinaciones; en una palabra, engaños. El escritor del siglo xix, el poeta como Vario en su tiempo, puede percibir el encanto de esos «misteriosos arabescos» que abren los arcanos de una «ciencia oculta» y engañosa, pero no debe dejarse llevar por el capcioso camino de una ilusión que sigue siendo, como en tiempos de Vario, un «vicio de la inteligencia».

No, Clarín no puede ser simbolista, y no por timidez; al contrario, por una reacción racional y varonil. No quiere y no necesita postular, más allá de la realidad natural, un mundo surnaturalista para poblarlo con creaciones de una fantasía desenfrenada y enfermiza. Postular un mundo, otro mundo increado y, para sugerirlo y darle consistencia, inventar un lenguaje y musicalizar las palabras, no es acercarse a la esencia de las cosas, sino alejarse hacia los rincones del sueño: «Alas recela abiertamente [escribe atinadamente Bonet] de las extravagancias [simbolistas], donde lo que más luce es una aptitud a la incoherencia lógica» (*ibid.* 974). Pero, en contra de lo que sugiere Bonet, no creo que sea por afán polémico; tampoco parece aceptable la perentoria afirmación de Pedro Salinas, según la cual Clarín sería «un fugitivo del realismo», perdido entre dos mundos, «en ninguno de ellos hizo su asiento» (citado por Bonet, *ibid.*, 974).

En uno de sus últimos textos, de 1901, al evocar su trayectoria intelectual y espiritual desde los años de juventud naturalista, confiesa: «Era yo entonces [...] tan idealista como ahora, así como soy ahora tan naturalista como entonces» («Prólogo» a *Trabajo* de Émile Zola). A Clarín le basta encararse con el misterio, un misterio bien real —aunque extraño a la luz racional—, ante el que la razón permanece muda por carecer de lenguaje adecuado a esas realidades misteriosas. Para él, la clave del misterio es Dios, el Supremo Misterio, en el que cree.

No, Clarín no es un fugitivo del realismo. Al contrario, bien arraigado en su mundo, es un poeta que busca en las fronteras de la realidad, de toda la realidad, un lenguaje acorde con la esencia de las cosas. Esta búsqueda es ya en sí verdadera poesía. Como Vario, resignado al olvido, «mientras vivía era poeta» sin saber que, por eso —por ser poeta—, viviría en sus palabras. Y por eso vive Leopoldo *Alas en* sus palabras, hoy más que nunca.

Obras citadas

Alas, Leopoldo, *Solos de Clarín* (1881), Alianza, Madrid, 1971.

— *La Regenta*, (1884-1885), ed. de Gonzalo Sobejano, Castalia, Madrid, 1981.

— *Ensayos y revistas* (1892), ed. de Antonio Vilanova, Lumen, Barcelona, 1991.

— «Introducción» a Thomas Carlyle, *Los Héroes. El culto de los héroes en la Historia,* traducción directa del inglés de Julián G. Orbón, con un prólogo de don Emilio Castelar y una introducción de Leopoldo Alas, Clarín, Manuel Fernández y Lasanta, Madrid, 1893a, 2 tomos. Introducción: t. I: pp. 1-29, t. II: pp. 7-31.

— *El Señor y los demás, son cuentos* (1893b), ed. de Gonzalo Sobejano, Espasa, Madrid, 1988.

— *Cuentos morales* (1896), Madrid, Alianza, 1973, ed. de Jean-François Botrel, Cátedra, Madrid, 2012.

— «Prólogo del traductor a Emile Zola», *Trabajo*, Mauci Barcelona, 1901.

— *El Gallo de Sócrates* (1901), Espasa, Madrid, 1973.

— *Doctor Sutilis*, Renacimiento, Madrid, 1916.

BESER, Sergio, *Leopoldo Alas, Clarín: Teoría y crítica de la novela española*, Laia, Barcelona, 1972.

BLANQUAT, Josette, «Clarín y Baudelaire», *Revue de Littérature Comparée*, I, 1959. p. 1 y ss.

— «La sensibilité religieuse de Clarín. Reflets de Goethe et de Leopardi», *Revue de Littérature Comparée*, 2, avril-juin, 1961, pp. 177-196.

BONET, Laureano, «Clarín, Jean Paul, Baudelaire: un tríptico simbolista», *Clarín y «La Regenta» en su tiempo*, Universidad de Oviedo, Ayuntamiento, Principado de Asturias, 1987, pp. 951-983.

— «La música como voz callada en *La Regenta*: un rastreo léxico», *Los Cuadernos del Norte*, núm. XXIII, enero-febrero, 1984, pp. 64-69.

EZAMA GIL, Ángeles, Leopoldo Alas «Clarín», *Cuentos*, ed. de Ángeles Ezama, Estudio preliminar de Gonzalo Sobejano.

GÓMEZ TABANERA, José Manuel y Esteban Rodríguez Arrieta, «La 'conversión' de Leopoldo Alas 'Clarín': ante una carta inédita de Clarín a don Francisco Giner de los Ríos (20-X-1887), *Boletín del Instituto de Estudios Asturianos*, Oviedo, 1985, pp. 467-482.

GONZÁLEZ SERRANO, Urbano, *Cuestiones contemporáneas*, Fernando Fe, Madrid, 1883.

LISSORGUES, Yvan, *Clarín político II*, Lumen, Barcelona, 1989.

— «Le prêtre et la femme: le cas du Magistral de *La Regenta*, don Fermín de Pas, *Hommage à Robert Jammes*, Presses Universitaires du Mirail, Toulouse, 1994, t. II, pp. 693-705.

— El pensamiento filosófico y religioso de Leopoldo Alas, Clarín (1875-1901), Grupo Editorial Asturiano, Oviedo, 1996.

RICHMOND, Carolyn, *Leopoldo Alas «Clarín», «Vario» y Varia. Clarín a través de cinco cuentos suyos*, ed. y estudios críticos de Carolyn Richmond, Editorial Orígenes, Madrid, 1990.

Ríos, Laura de los, «Los cuentos de Clarín», en *Revista de Occidente*, Madrid, 1965.

Sobejano, Gonzalo, «Sentimientos sin nombre en *La Regenta*», *Ínsula*, núm. 451, *Clarín y su obra en el centenario de* La Regenta, junio 1984.

— «Poesía y prosa en *La Regenta*», ed. de Antonio Vilanova, Universidad de Barcelona, 1985, pp. 293-316.

— *Clarín en su obra ejemplar*, Castalia, Madrid, 1985.

— «La prosa de *Tristana*», Yvan Lissorgues y Gonzalo Sobejano (eds.), *Pensamiento y literatura en España en el siglo XIX. Idealismo, Positivismo, Espiritualismo*, Presses Universitaires du Mirail, Toulouse, 1998, pp. 189-199.

Sotelo Vázquez, Adolfo, «Azorín, lector y crítico de Leopoldo Alas. *Prosa y poesía. Homenaje a Gonzalo Sobejano*, Gredos, Madrid, 2001, pp. 395-405.

Vilanova, Antonio, «*La Regenta* de Clarín y la teoría hegeliana de los caracteres indecisos», *Ínsula,* núm. 451, junio de 1984.

Capítulo 4

Leopoldo Alas, Clarín, y la España de su tiempo: Hacia una ética política, social y cultural para la España futura

Las utopías de hoy serán las realidades de mañana.
(Urbano González Serrano, 1881, p. 180)

A modo de introducción: consideraciones previas

Bien conocida es ahora la posición de Clarín frente a la problemática política, social, religiosa y cultural de la España de su tiempo. Pero conviene recordar que solo a partir de los años setenta del siglo xx, con la progresiva recuperación de su ingente obra periodística y los estudios que esta suscitó, se ha abierto el vasto campo de una faceta de su actividad en gran parte olvidada y, desde luego, más sospechada que conocida: la de un intelectual constantemente comprometido con los problemas de su tiempo. Es cierto que sus dos novelas, sus cuentos, sus diez libros de crítica y sus siete folletos literarios ofrecían ya una visión de España desde una posición crítica frente a la sociedad de la Restauración; una posición que, como se sabe, no era del agrado del sector reaccionario, el cual, durante decadas, hizo cuanto estuvo en su mano por denunciarla, degradarla y, cuando le fue posible —después del fatídico 1936—, borrarla. Efectivamente, todos los escritos de Leopoldo Alas, aun los más culturales y los que rozan los aspectos más universales, se contextualizan en cierta realidad histórica. *La Regenta*, por ejemplo, hoy reconocida como obra maestra de la literatura universal, es también una representación metonímica de la España de la Restauración, con su estructura social inveterada —aunque en transformación—, sus corrupciones políticas y eclesiásticas, sus costumbres farisaicas, su falsa religiosidad y su mísera cultura. Esta visión negativa del mundo de Vetusta es, implícitamente, una imagen de la España del momento, imagen intolerable para los secuaces del orden establecido: aquellos que no quieren ver las lacras del sistema o los que consideran que criticar abiertamente el funcionamiento de las santas instituciones supone una peligrosa degradación de las mismas. Efectivamente, el análisis minucioso de *La Regenta* bastaría, según este ángulo —como muestran varios estudios—, para ilustrar la imagen que Clarín tiene de la España de su tiempo.

Pero lo más importante es comprender que esta visión literaria es, ante todo, irónica; es decir, de doble cara: una visible, incluso ostentosa en la obra, y otra, ideal y escondida, que actúa como imagen referente. A partir de esta última se revela, en negativo más o menos humorístico, la cara visible y legible. Por más señas, la imagen que Clarín ofrece de Vetusta y de España es el resultado de una confrontación entre la realidad y lo que —a juicio del autor— debería ser. El pensamiento del autor actúa como bisagra entre la realidad observada y la realidad deseada: un conjunto de ideas y de valores, más o menos ideologizados, que constituye el núcleo vivo desde el cual se enjuician las realidades políticas, sociales, religiosas, culturales y literarias. La representación literaria de dichas realidades configura una imagen de España tal como aparece en *La Regenta* y, más generalmente, en forma parcelaria, en el conjunto de su obra de creación y de crítica. Una imagen, como se ha dicho, inaceptable para el sector reaccionario, que dio lugar a a una represión inquisitorial prolongada —y no exenta de crueldad— durante la España franquista.

Ahora bien, lo que hemos llamado la cara deseada de otra España —implícita, por ejemplo, en *La Regenta*, en los contornos de su irónica representación de la realidad captada—, emerge también, de forma más o menos conceptualizada, en una importante serie de artículos que pueden calificarse de políticos, aunque, en ocasiones, lo haga a través de las oblicuidades de la ironía, marca de fábrica del estilo clariniano.

Desde los años ochenta del siglo xx sabemos que una buena tercera parte de la producción periodística de Clarín tiene por objeto la política, siempre que se entienda esta palabra en su sentido etimológico: aquello que concierne a la sociedad, al Estado, al hecho de vivir juntos en un país, en una nación con o sin fronteras. La aportación decisiva de las tres últimas décadas es el descubrimiento y la publicación de esta parte olvidada de la obra del periodista Clarín; decisiva, y sumamente importante, para quien escribió en *El Español*, el 28 de octubre de 1899: «Cuando se me pregunta qué soy, respondo: principalmente periodista». Ahora, ya sabemos a punto fijo que es verdad. Aquí están los seis tomos de las *Obras completas* (2002, 2003, 2004, 2005, 2006) que recogen los 2.409 artículos publicados en unos setenta periódicos de 1875 a 1901 (Lissorgues, 2004a, 7-57). Y a mano tenemos los estudios a que han dado lugar, entre otros, los de Sergio Beser y Laureano Bonet (1966), Jean-François Botrel (1972), Antonio Ramos-Gascón (1973), Simone Saillard (1974 y 2001), Yvan Lissorgues (1980; 2004b; 1996). A estos trabajos deben añadirse los de Carolyn Richmond (2000; 2003), de Noël Valis (1986 y 2002), así como los de los otros investigadores. En cualquier caso, ya puede hablarse de un Clarín *político,* título en un principio revulsivo, pero perfectamente adecuado.

Bien conocida es hoy la imagen que la obra entera de Leopoldo Alas ofrece de España, como lo evidencian los numerosos estudios dedicados al *Clarín político* —los ya citados y algunos más: Jean Bécarud (1964), Luis García San Miguel (1973 y 1987), Gonzalo Sobejano (1985), Luis Saavedra (1987), Valentín Martínez-Otero (2001), entre otros—. Sirva esta sucinta relación para subrayar que, a estas alturas, cualquier trabajo centrado en este aspecto de la obra de Clarín difícilmente podrá aportar una visión verdaderamente novedosa.

Conviene tener presente la visión de España que Leopoldo Alas comparte con una minoría activa de intelectuales que habían asimilado algunos principios fundamentales de la filosofía de Krause, difundidos a partir de la enseñanza de Sanz del Río y, sobre todo, de Francisco Giner de los Ríos. Este último fundador de la Institución Libre de Enseñanza, y para Clarín: «uno de los espíritus más grandes y más nobles que ha producido España» (Alas, 1892, XVII).

Leopoldo Alas forma parte, junto a Adolfo Posada, Adolfo Buylla, Aniceto Sela y Rafael Altamira, del activo «grupo institucionista de Oviedo», sobre el cual existe una extensa bibliografía que no es necesario citar aquí. En cambio, es útil recordar, entre los principios fundamentales del krausismo, que la idea de la perfectibilidad del ser humano por la educación y la cultura, así como la idea de que la Historia es un movimiento en el tiempo hacia una progresiva perfección de la humanidad, son el común denominador del pensamiento de todos ellos; por eso, por su fe en el progreso humano, se los denomina intelectuales «progresistas».

También conviene recordar que todos ellos habían hecho suya una «filosofía ética», encarnada de algún modo en sus eminentes maestros —Salmerón, Giner y otros—, y que, según afirma el propio Leopoldo Alas, «habían dejado en buena parte de la juventud estudiosa e inteligente, como un rastro perfumado, el sello de una especie de unción filosófica que engendraba el ánimo constante y fuerte del bien, el instinto de la propaganda, de la vida ideal, de abnegación, pura y desinteresada» (*ibid.*). Así pues, para Clarín, como para todos los ex-jóvenes estudiosos aludidos en la cita anterior, es casi una reacción natural desenmascarar lo falso en cada cosa —en la política, en las costumbres, en la cuestiones sociales, religiosas, culturales y literarias—. Su «filosofía ética» , fundada en una alta exigencia moral, consiste siempre en buscar la verdad oculta tras las apariencias engañosas, en desenmascarar el error y la impostura en nombre de la autenticidad.

Por eso, la cuestión de la imagen que Clarín tiene de España, o mejor dicho, la visión que su obra nos ofrece de su patria, es compleja.

Sobre todo, si planteáramos el problema con el debido rigor histórico, deberíamos integrar en el estudio tanto el parámetro de la evolución política, social y cultural de 1868 a 1901 como el de la evolución paralela del pensamiento de nuestro intelectual. Es decir, sería necesario desarrollar dos relatos independientes, aunque íntimamente relacionados. *Grosso modo,* este es el método empleado en los trabajos antes citados dedicados al «Clarín político». A estas alturas, pues, debe intentarse un estudio sincrónico, recurriendo a la diacronía únicamente cuando sea necesario para matizar un pensamiento claramente afirmado. Sin embargo, parece imprescindible, para poder delinear en su momento los contornos de la imagen más o menos homogénea de la España de Leopoldo Alas, estudiar sucesivamente la posición de nuestro autor frente a la política, la sociedad, la religión y la cultura.

La cuestión también resulta compleja porque la imagen de España, en sus varias facetas, se nos da fragmentada en un sinnúmero de artículos o de textos de creación literaria; situándonos frente a un rompecabezas, cuyas piezas hay que ensamblar para construir la imagen total.

Por fin —y esto es lo más importante desde el plano metodológico—, lo dicho sobre las dos caras de la imagen, a propósito de *La Regenta* se aplica a cualquier texto de Clarín. El punto de partida, el disparador (¡de la foto mental!) es siempre la realidad observada, que suele ser objeto de censura. Mientras se evoca (y se critica) esa realidad, se dibuja, con mayor o menor nitidez según el grado de explicitación, otra realidad posible, otra imagen: la ideada por Clarín, según su voluntad de que esa realidad se sustituya a la anterior. En breve, no se perfila en la obra de Clarín una imagen definitiva, fija, de España; la que se ofrece es resultado de una movediza dialéctica entre lo que es y lo que debería ser.

Es en esta segunda imagen, la de la España deseada, en la que fijaremos la preferencia, por el mero hecho de que la primera es ya perfectamente conocida gracias a los estudios sobre la obra de Leopoldo Alas, complementados por los numerosos trabajos historiográficos sobre la segunda mitad del siglo XIX.

«¡Despreciar la política! Es un absurdo, es un crimen de lesa humanidad, si por política se entiende lo que se debe» (*O. C.*, VII, p. 852)

Despreciable y anacrónica es para Clarín la política inaugurada en 1875 por el restablecimiento de la monarquía, obra de Cánovas. La monarquía, para nuestro autor, es un régimen del pasado. Desde la Revolución francesa de 1789, que ha abierto el paso a la idea de democracia, es cosa absurda que un rey sea el supremo representante de una nación. El joven Leopoldo Alas, en plena efervescencia del Sexenio revolucionario, exclama una y otra vez —hacia 1868, en su periódico manuscrito *Juan Ruiz*— que «Ningún rey es legítimo en nuestra época»; y cuando viene al caso precisa su pensamiento: «porque la legitimidad no ha de venir por ser hijo de su padre, sino de ser rey por la voluntad de su pueblo. ¿Y hay rey que en la verdadera opinión de su pueblo puede serlo? Ninguno, absolutamente ninguno» (Alas, 1985, 261).

Si bien con el paso de los años atempera su indignación —sobre todo después de adherirse al posibilismo de Castelar—, no modifica sustancialmente su posición, como lo demuestran las numerosas citas que podrían extraerse de su obra. La imagen real de la España monárquica implica para Clarín otra imagen: la de una República futura, presente en su pensamiento y en su corazón, cuyo advenimiento —Clarín fue siempre un republicano— es activamente preparado en sus escritos. El 11 de octubre de 1868, el joven Leopoldo de dieciséis años de edad, escribe en *Juan Ruiz*: «Yo soy republicano y toda mi progenie, si la tengo, lo será también» (ibid, p, 284). A finales de noviembre de 1900, seis meses antes de su muerte, asiste Leopoldo Alas a la conferencia de Aniseto Sela en la Extensión Universitaria del Centro Obrero de Oviedo; y al ver a esos obreros socialistas tan deseosos de aprender, medita con esperanza (¡y tristeza!): «Si el socialismo lleva a ella ese espíritu de organización, de iglesia, que recuerda vagamente lo que leemos de los primeros cristianos, la República vencerá de seguro» (*La Publicidad*, 25-XI-1900). Esto se llama ser consecuente.

La idea —o la imagen— de República acompaña siempre, en efecto, a Clarín como una aspiración simbólica hacia un

mundo regido por la razón y la justicia. Entre la romántica proclama de 1868 y la humilde y recatada esperanza
del último año del siglo, se da cuenta, con cierta tristeza,
de que el motor de la historia futura no es solo la conquista
de las conciencias emprendida por la clase media intelectual «progresista», sino tal vez la fuerza, organizada ya, de la
clase obrera. En estas dos fechas límite transcurre la acción
de unos treinta años de constantes luchas contra las tristes realidades políticas, acompañadas de reflexiones sobre
las realidades sociales, religiosas y culturales, cada vez más
impregnadas de una meditación filosófica acerca del sentido
de la finalidad de la Historia humana.

La lucha contra la imagen real de la monarquía restaurada, y particularmente contra el sistema montado por su
activo y a la vez simbólico artífice, Cánovas del Castillo, es
constante; incluso cuando el seudo-liberal Sagasta accede
al poder en 1881, inaugurando el buen funcionamiento del
llamado turno «pacífico», ideado por el mismo Cánovas.
¡Cuántos artículos de denuncia, ya sean directos o irónicos,
salen de su pluma y llenan las columnas de la prensa liberal
regional, y sobre todo madrileña! Para Clarín, se trata de un
sistema totalmente corrupto, pues bajo el término «sistema
Cánovas» no debe entenderse únicamente el juego político
visible, regido por la constitución reaccionaria de 1876, sino
toda la máquinaria nacional que —fuera del escenario oficial y como entre bastidores— asegura el funcionamiento
real del sistema.

El puntal de la construcción canovista es el caciquismo,
que falsea las elecciones incluso después de la concesión del
sufragio universal en 1891. Una «gangrena política» que se
ramifica de arriba abajo, formando un sistema perfecto de
inmoralidad: «Entre caciquín, cacicón y cacicazo, nos tienen a todos en un puño. Y ¿por qué? Por la centralización»

(*El Solfeo*, 8-VI-1877). Centralismo y regionalismo, otro problema candente, otro aspecto delicado de la imagen de España, como se recordará ulteriormente. Lo más grave es que esta corrupción se debe también a la ineptitud de la mayoría de los políticos, carentes de ideal y hasta de cultura, que se pasan la vida «chanchullando» o regateando escaños, según denuncia explícitamente el periodista Clarín. No hace falta decir más; es cosa sabida (véase Botrel, 1972; Lissorgues, 2004b).

Detestable, pues, es la imagen del sistema representativo de España para la gente honrada, de dentro y de fuera. Pero la denuncia constante y sistemática del régimen de la Restauración no lleva al pesimismo, a pesar de sus raíces inveteradas, como, por ejemplo, la endémica ignorancia del ciudadano. Luchar y emplear en el combate todos los recursos de las ideas y del estilo, en apasionadas diatribas, es lo contrario del desaliento es prueba de cierta fe en una progresiva mejora de la situación. Clarín, movido como siempre por un escrupuloso afán de autenticidad, se atiene a unos principios fundamentales, singularmente promovidos por la Revolución francesa de 1789: «Libertad, Igualdad, Fraternidad», principios que —para él— se vieron vitalizados durante el Sexenio, pese al aparente fracaso de aquel agitado movimiento revolucionario.

A pesar de lo deletéreo de la «comedia» política actual —así la califica—, Clarín sigue siendo un defensor intransigente del régimen parlamentario, más aún cuando, a finales de siglo, algunos «regeneracionistas» lo ponen en tela de juicio. Clarín diserta sobre una necesaria «tutela de pueblo» y hasta preconiza «una dictadura ilustrada» (Lissorgues, 1999). He aquí un ejemplo, elegido entre varios, de su firme convicción. El 19 de septiembre de 1896, escribe en *La Publicidad*:

Si Cánovas y Sagasta, un par de viejos egoístas y débiles […] se confabulan para abrumarnos, con el pretexto de salvar el honor nacional; si los partidos respectivos también, se van como corderos, más o menos untados, detrás del jefe correlativo […] no es por culpa del parlamentarismo, sino por culpa de la nación floja y displicente. […] Si la gente que politiquea fuese como *debiera ser* —enfatizando— en el mismo parlamentarismo estaría el remedio de tantos males, pues con la iniciativa seria, real del Parlamento tendríamos un modo pacífico, legal, de echar al suelo toda esa podredumbre que nos mata. De veras, hay que sanear la vida política (véase Lissorgues, 2004, pp. 257-270).

Y añade que hace falta un sistema que tiene un nombre genérico: una república, pero —advierte— «una república sin motes».

La «república sin motes» es la república a la que aspira, de cuya superioridad y eficacia intenta convencer a sus lectores: la de todos y no la de una facción. Para él, «la esencia del republicanismo está, como es lógico, en el elemento genérico, no en lo que es propio de tal o cual especie de república» (*La Publicidad*, 27-v-1899). Dicho sea de paso, esta concepción de una república que agrupe a todas las familias políticas aparece formulada entre los años 1886 y 1889, es decir, después de su adhesión al castelarismo (Lissorgues, 2004, pp. 300-310). Desde luego, la república no se hará solo con «los republicanos de siempre», sino «con los buenos españoles de todos los tiempos». Hasta los monárquicos, de más importancia y mérito que ciertos republicanos —como por ejemplo Menéndez Pelayo—, «han de tener también mayor influencia política cuando llegue la nuestra» (*La Publicidad*, 16-XI-1889).

Las últimas palabras de la cita revelan que, en 1889, Clarín está convencido de que, en un futuro más o menos lejano, se impondrá una forma de gobierno acorde con los tiempos modernos: una república moral, no muy distinta de la que preconiza Castelar, «su jefe en política».

En cuanto a la Iglesia católica, se sabe de sobra que es inseparable de la imagen de España; la visión que de ella nos da Clarín es también de doble cara: si la religión bien entendida es objeto de constante cuestionamiento, se debe al hecho de que es siempre íntima cosa de alma.

Esa Iglesia no es más que «la cáscara vacía de una gran institución»

Estrechamente vinculada, tras el susto del Sexenio, al sistema político de la monarquía restaurada, la Institución católica intenta recuperar algunos de sus privilegios. Entre ellos, restaurar su dominación moral sobre las conciencias, ya sea a través de la prensa adicta o de la enseñanza —incluso la pública—, sometida desde la primaria hasta la universidad a una solapada vigilancia. Esta predominancia de la Institución católica en la vida pública, como pilar del poder canovista y pidalino (de Alejandro Pidal), queda claramente formulada en el célebre artículo 11 de la Constitución de 1876, donde prácticamente se reconoce a la religión católica como religión de Estado, sentando así las bases jurídicas de lo que más tarde se ha denominado nacional-catolicismo... Sabido es.

Clarín denuncia sin tregua esa Institución y, a medida que con los años profundiza en el sentimiento religioso, su censura se vuelve más fuerte y agria.

Las críticas son a veces de suma violencia. No vacila en atacar nominalmente en la prensa a los ministros de la

Iglesia, fuesen obispos o arzobispos, cuando le parece que se portan más como políticos que como pastores. *La Regenta* es la pintura *por de dentro* de la «organización clerical» de Vetusta y del «mezquino espíritu covachuelista» que anima a los «santos varones del cuerpo». En 1899, en el momento en que lucha por un renacimiento espiritual y religioso, proclama con fuerza: «Hay que combatir esa seudo-religiosidad de los fanáticos e hipócritas, que pretenden acaparar la fe y el espiritualismo deísta» (*Vida Nueva*, 15-x-1899). Esa Iglesia que quiere seguir imponiendo su dominación en todos los sectores de la vida española —la política, la enseñanza, la prensa—, que invoca al «Dios de los ejércitos» y pretende avasallar los espíritus y los corazones mediante la imposición de una moral vacía y de pura fachada, ha olvidado «la vida, la sangre, la substancia» de la verdadera religión. No es más que «la cáscara vacía de una gran institución histórica» (*ibid.*); a esa religión no le importa más que el culto: «la política no la mantiene sino para eso (*La Ilustración Ibérica*, 9-v-1886). Tales son los calificativos —«idolatría», «paganismo»—, que a menudo emplea Alas para caracterizar esa «oficinesca religión de papel timbrado, ese cristianismo de librea y de Congresos» (*La Publicidad*, 24-xii-1893).

Es inútil multiplicar las citas: basta lo dicho para mostrar que la lucha de Clarín fue constante y sin concesiones durante los veinticinco años de actuación pública, tanto en la prensa como en su obra de creación. Se comprende, pues, que Leopoldo Alas fuera objeto de despiadados y, a veces, *non sanctos* ataques de todos los *neos*, *mestizos*, carlistas e integristas que, de una manera u otra, «escupieron» en lo que uno de ellos llamaba sus «nefandos escritos» (*La Publicidad*, 22-ix-1897). Y el odio se propaga; de vez en cuando asoma su venenosa cabeza, luego se esconde bajo la piedra, y cuando la nube negra propicia la ocasión, mata. Mata al hijo para vengarse del padre, el 27 de febrero de 1937, en Oviedo, en Vetusta.

Esta triste imagen de la Iglesia española, heredera de la santa Inquisición y causa de descrédito para España ante los ojos de las naciones civilizadas, resulta para Clarín intolerable. Denunciarla es, para él, una labor de saneamiento nacional y, también, de auténtica religiosidad.

Dicho sea de paso, para matizar las acusaciones de anticlericalismo que se le profieren, es de subrayar que también se alza Clarín contra los libres pensadores superficiales, los «capataces del libre pensamiento, como llama a ciertos intelectuales anarquistas —«los positivistas de escalera abajo»—, porque todos hablan de religión y de cristianismo sin haber estudiado nunca «estas intrincadas materias» (*Vida Nueva*,19-XI-1899); sobre todo, generalmente, los que pretenden negar el misterio —como los positivistas— desde una posición falsa frente a la realidad: negar el misterio es tan solo cerrarse los ojos. Debido a ello, Clarín se ve atacado por los *neos*, para quienes es un peligroso hereje, y por ciertos libres pensadores que le tildan de cura.

Pero, ¿cuál es la otra cara, la faceta positiva, es decir, la concepción religiosa de Alas a partir de la cual emprende ese combate que se le impone de modo tan imperativo? Detengámonos, por un momento, en esta reveladora percepción: «Esta Iglesia espiritualmente huera, pero de organización formidable, solo puede ceder al embate de un impulso realmente religioso». No, estas palabras no son de nuestro autor, sino de Antonio Machado, también discípulo de Giner, por ambos llamado «queridísimo maestro» y «padre espiritual» (Machado, 1957a, 163-168). Es curioso observar que Clarín había escrito lo mismo, de forma explícita, veinte años antes: «Cuanto más religioso se sea (y yo no creo racional ningún modo de vivir, no siendo profundamente religioso), más repugnante es el espectáculo de estos míseros positivistas prácticos y vulgares apoderados de la cáscara vacía de una gran institución» (*Vida Nueva*, 15-X-1899).

No es oportuno volver sobre la rica y compleja evolución del pensamiento/sentimiento religioso de Leopoldo Alas (véase Pérez Gutiérrez, 1975, pp. 269-338; Lissorgues, 1996). Tan solo es de recordar que, a partir de las enseñanzas de sus profesores de la Central, por los años 1871-1878, su pensamiento se enriquece con la lectura de casi todas las obras de filosofía y de metafísica que se publican en Europa: las de Renan, Carlyle, Strauss, Afrikan Spir, Tolstói, Renouvier, Boutroux, Bergson, etc. (filósofos que de una manera u otra contribuyen al renacimiento del espiritualismo). Enseñanzas y lecturas que refuerzan el carácter antidogmático de un espíritu que, por lo demás, desconfía de cualquier sistema. Para Clarín, el dogma no es palabra revelada, sino una invención humana, a veces incluso irrisoria. Por eso confiesa en 1889 que «en conciencia no puede llamarse católico» (*La Publicidad*, 3-X-1889). Sin embargo, durante la última década del siglo se percibe un cierto acercamiento a la Iglesia católica, en tanto que indeleble seña de identidad de su patria. En cierto modo para él, como para Renan, «el espíritu religioso es una tendencia [...], un punto de vista, casi pudiera decirse una digna postura, la postración ante el misterio sagrado y poético; no es, como creen muchos, ante todo una solución concreta, cerrada, exclusiva» (Alas, 1901, p. 48). Esta religiosidad, libre de trabas dogmáticas, solo reconoce principios superiores, como la caridad, la bondad, el amor al prójimo, sentidos y vividos en su dimensión trascendente. El amor a Dios es primero, amor al bien y, desde luego, amor a los hombres, amor cuya primera manifestación es la tolerancia. Por eso —y este es tan solo un ejemplo—, a pesar del abismo que le separa del marxismo, considera «casi un ideal» para él «departir con los obreros socialistas», con el fin de escucharlos e intentar comprenderlos, pero también de «atraerlos al aspecto moral y religioso de la cuestión social» (*Heraldo*, 3-XI-1891), con el objeto de que un día «al llamarnos todos hermanos podamos hacerlo racionalmente, es decir sabiendo que existe un padre, un Dios, o una madre, una Idea (*La Publicidad*, 14-V-1890). Lo mismo dirá Antonio Machado, en 1918: «La fraternidad [es] amor al prójimo, por amor al Padre común» (Machado, 1957b). Para que la palabra cordial tenga su verdadero, su sentido esencial, es preciso que cada corazón se sienta en relación directa con lo divino, de modo que pueda establecerse esa trascendencia horizontal en la que comulguen todos los hombres. Desde luego, las revoluciones —tanto la de arriba como la de abajo— pueden ser necesarias como mutaciones históricas, pero el verdadero problema seguirá planteado mientras el hombre no se encamine hacia su propia perfección interior.

Y, a fin de cuentas, el camino de perfección de la humanidad lo enseña el cristianismo, el verdadero, el de los orígenes: «Jesús, al decir que su reino no es de este mundo, abandona la coacción, el poder exterior, mecánico, político, y va a la conquista de la sociedad por el único camino seguro, por la perfección de las almas» (*La Ilustración Española y Americana*, 8-III-1897). Esa vuelta al Evangelio la iniciará la Iglesia católica, no sin vacilaciones, no sin reticencias, en el Concilio Vaticano II de 1962; pero la alta jerarquía eclesiástica pondrá en tela de juicio algunas conclusiones del Concilio, ¡las más evangélicas!

Por eso, la autenticidad religiosa de Leopoldo Alas —parecida a la de Tolstói—, divina, humana y cordial, sigue siendo ejemplar.

Es muy posible que muchos intelectuales «progresistas», en lo religioso y más o menos influidos por el krausismo, se encuentren en la misma línea que Leopoldo Alas; pero él es el único que explicita con tal claridad su sentir y su pensar, y el único que batalla con tanta vehemencia para que se purifique la imagen del catolicismo español.

Conviene, pues, ensanchar ahora el panorama y situar a Clarín en el conjunto de las fuerzas liberales y republicanas, ya que la ejemplar acción individual de nuestro autor solo cobra, verdadero y eficaz sentido histórico cuando se enmarca en el dinamismo colectivo de un movimiento intelectual que actúa como «una república de las letras y del pensamiento».

Hacer, a largo plazo, «un pueblo adulto»

Este imperativo lo formula Giner, pero la empresa concierne a todos los que mantienen la fe en el poder redentor de la cultura y la educación (sobre este punto, véase Lissorgues, 2004b, pp. 897-1045), y para quienes la idea republicana continúa siendo, durante toda la Restauración, un ideal, un Norte en la corrupta niebla canovista. Lo que importa, en primer lugar, alejándose de la historia externa, es observar cómo la idea republicana se profundiza, cómo se convierte en pensamiento hasta cristalizar, en una minoría de adeptos, en una filosofía que a su vez genera una ideología compartida —en lo esencial— por los intelectuales liberales, al menos por aquellos que se sienten en consonancia con el desarrollo histórico y con el progreso humano, y por ende, social y político. Estos últimos, los intelectuales «progresistas», son, en la España de la época, los más activos, tanto intelectual como moralmente; son quienes, con dinamismo y entusiasmo reflexivo, van construyendo una república de las letras y del pensamiento sin fronteras.

Es, para cada uno, ante todo un imperativo ético: ensancharse a sí mismo por medio del saber, para perfeccionarse moral e intelectualmente y, así, ser más útil a la sociedad. La misión que se asignan, después del intento fracasado de reformas políticas y pedagógicas emprendidas desde arriba durante el Sexenio, es la de elevar el nivel cultural de la nación, asimilando y difundiendo todos los adelantos de la ciencia europea, ciencia europea —tanto experimental como especulativa— en psicología, psicofisiología, ciencias naturales, física, química, historia, pedagogía, literatura, filosofía y, para quienes le tiene afición, metafísica. Ya en 1879, más de treinta años antes de Ortega y Gasset, proclama Clarín: «El verdadero españolismo consiste en importar los elementos dignos de aclimatarse en nuestro suelo, y en estudiar cuidadosamente, para asimilárnoslo, cuanto fuera se produce que merece la pena de verlo y aprenderlo» (*La Unión*, 18-III-1879).

De hecho, en torno a los años ochenta se inicia una verdadera revolución cultural que abarca todos los campos del saber y regenera en profundidad lo que los llamativos «regeneracionistas» del fin de siglo creen descubrir, pasmados. Para los liberales «progresistas» de las tres últimas décadas del siglo, y particularmente para los que han asimilado las orientaciones fundamentales del krausismo, se trata de obrar para conseguir a largo plazo una sociedad más equilibrada, más «armoniosa», más justa. En un principio son pocos, una élite, los «mejores», pero un lento y sostenido esfuerzo pedagógico —en la cátedra, en los ateneos, en la prensa— ensancha progresivamente el campo intelectual activo de los «capaces de espiritualidad», como dirá, varios años después, Antonio Machado en su profundo y superior *Discurso de ingreso en la Academia de la Lengua*, nunca pronunciado por causa de la guerra civil (Machado, 1957c). Clarín, ya se sabe, es uno de los más activos mediadores en España de la literatura y del pensamiento científico, filosófico y metafísico de Europa. Para todos, la finalidad es hacer, a largo plazo, un «pueblo adulto». Es un ideal que, como cualquier ideal, apunta a un porvenir todavía no visible, pero que inculca la fe en el progreso humano y obra para que «la utopía de hoy sea la realidad de mañana».

Una república de las letras y del pensamiento

Así pues, debajo (o por encima) del triste escenario de la política al uso, fuertemente presente en la constante —y sin concesiones— censura de Alas (véase Lissorgues, 2004b, pp. 55-122 y 191-330), funciona ya una república del pensamiento y de la idea, animada por los más activos escritores y periodistas «progresistas» del momento, entre los cuales se establece un diálogo permanente a través de la prensa, de los intercambios de obras, de las relaciones epistolares, etc. Hasta tal punto que la reflexión de cada uno es siempre recibida, discutida y, a veces, impugnada; si bien, finalmente, en cierto modo, asimilada por los demás. A la altura del final del siglo, el grupo, cuyos elementos más activos están diseminados en los centros docentes de toda España, aunque compuesto por individualidades totalmente independientes, cobra categoría de *persona moral*; es decir, de algo superior a los individuos, según la definición dada por Giner (véase, por ejemplo, Giner, 1969, pp. 202-208), y con la que todos se sienten intuitivamente relacionados. Es cosa curiosa observar cómo, a partir de un núcleo de ideas y valores compartidos, surja la puesta en común de un saber que cada cual contribuye a elaborar; y cómo todo ello, animado por unas relaciones cordiales de estimación recíproca (que no borran las discrepancias), consigue crear, por encima del ideario, un espíritu superior que funciona como una ideología. Esta pasmosa actividad intelectual, de la que hacen gala desde los primeros años de la Restauración, procede de la conciencia —tal vez no formulada— de cierta superioridad cultural y moral, a no ser que tal sentimiento lo genere el mismo dinamismo; de todas formas, lo fortifica. Mirando en torno suyo, se ve como los miembros más activos en el campo de los valores culturales perciben su ámbito de actuación como un desierto donde *se pierden los sermones* (*Sermón perdido*, título de una obra de Clarín, que es cifra y compendio de la idea formada del contexto). No por eso desprecian algunas personalidades destacadas del «otro bando», como, por ejemplo, al reputado Menéndez Pelayo. Al respecto, resulta altamente significativo del criterio superior que los mueve el episodio anecdótico de la elección del polígrafo santanderino como senador por la Universidad de Oviedo, elección que fue preparada en 1893 por Clarín y apoyada por todo el grupo de institucionistas: Posada, Buylla, Sela. Clarín fue siempre gran admirador de don Marcelino, incluso cuando lo llamaba *neo*, porque reconocía en él un espíritu superior. Muy a menudo tributó elogios en la prensa, no al autor de *Los heterodoxos,* pero sí, y con entusiasmo, al de *Historia de las ideas estéticas.* Desde luego, Menéndez Pelayo, por su ideología tradicionalista, es uno de los *mejores,* y, al menos, uno de los *buenos españoles* de siempre. Merece el puesto de senador antes que el barón de Covadonga, una respetable medianía y, además, candidato oficial del cacique Alejandro Pidal (véase Yvan Lissorgues, 2007, pp. 661-666).

A pesar de las circunstancias muy poco favorables —como la represión política en los primeros años de la monarquía restaurada, los obstáculos impuestos por el gobierno y la institución católica a la libre expresión de las ideas, la incomprensión general y la ineptitud del medio— en la obra de la minoría que constituyen va aflorando cada vez más una conciencia hegemónica. Esta se afirma especialmente cuando deben enfrentarse a las duras realidades sociales del fin de siglo, inicialmente percibidas como amenazas. Por ser ellos, tal vez sin confesárselo, una avanzadilla en el campo de las letras y del pensamiento, obran como si tuvieran la misión de preparar el futuro; pero un futuro que, por supuesto, es proyección de sus aspiraciones. Son intelectuales de la clase media y, la sociedad a la que aspiran no puede ser la de los estamentos tradicionales, sino una colectividad solidaria, en la que reine igualdad de derechos para todos, a fin de que el papel rector sea asumido por los más capaces intelectual y moralmente.

La República de los mejores

En tales condiciones, ¿quién debe dirigir el país, dada la ineptitud de las «clases directoras» de la Restauración, que dan de España una imagen tan poco halagüeña? Es una cuestión capital que se plantean, no solo ellos, sino todos los ciudadanos conscientes. Para Clarín y todos los intelectuales «progresistas», está claro que los llamados a dirigir («cuando llegue la nuestra») serán los más ilustrados, los de mayor y mejor cultura, los que han hecho suya una verdadera ética social de justicia y armonía. Como en la *República* de Platón, como en la *Utopía* de Thomas More y como en todas las utopías, incluso las ideadas por Fourier, la élite intelectual y moral es la que debe regir la colectividad. Pero ¿cómo conciliar la teoría de los «grandes hombres» —pues de esto se trata— con la democracia, que es la progresiva conquista de los tiempos?

Clarín, después de su adhesión a Castelar —a quien ve, en la España del momento, como el gran hombre de la democracia del próximo futuro—, ha reflexionado mucho sobre este problema, que a veces vive con cierto malestar. Una primera etapa de reflexión se la propicia la lectura de *Los héroes*, de Carlyle. Este pensador, según él, logra conciliar la «selección espiritual necesaria para el progreso y aun para la salvación y conservación de la sociedad humana, y la democracia, indeclinable prurito moderno, necesidad bien o mal recibida, pero evidente». Lo que Carlyle imagina, dice Clarín:

> Es el triunfo de los mejores dentro de la democracia misma, no anulándose ésta, sino elevándose hasta el punto ideal de entregar su poder, suyo, sin duda, en manos de los que más saben, esto es, de los más virtuosos y expertos, [...], en manos de los héroes, que ahora ya pueden ser muchos (Torres, 1984, pp. 193-194).

Al parecer, le seduce la explicación, pero no se ve hasta qué punto la hace suya; en cambio, está claro que expresa su propia concepción en el prólogo que escribe, en 1900, para *Ariel,* de José Enrique Rodó:

> La democracia niveladora, aspirando al monótono imperio de las medianías iguales, la democracia mal entendida, la combate Rodó con fuertes razones y elocuencia, sin que por eso deje que le venzan doctrinas aristocráticas [...] La democracia es ya un hecho vencedor, es algo definido, y además, bien interpretada, es legítima, es lo que piden el progreso y la justicia. Se puede y se debe, pues, conciliar con la idea de Carlyle, con la misión providencial del

heroísmo impulsando la marcha de la vida. La democracia debe ser la igualdad en las condiciones, igualdad de medios para todos, a fin de que la desigualdad que después determina la vida nazca de la diferencia de las facultades, no del artificio social; de otro modo, la sociedad debe ser igualitaria, pero respetando la obra de la naturaleza que no lo es. Mas no se crea que la desigualdad que después determinan las diferencias de méritos, de energías, supone en los privilegiados por la Naturaleza el goce de ventajas egoístas, de lucro y vanidad. No, los superiores tienen *cura de almas*, y superioridad debe significar sacrificios. Los mejores deben predominar para servir a todos (*ibid.*, 235-236).

La cita es larga, pero, además de no necesitar comentario (aunque podría discutirse), permite comprender al intelectual Clarín, tanto al político y al filósofo como al crítico literario. Y, sobre todo, representa la concepción de casi todos los intelectuales «progresistas» del último tercio de siglo XIX.

Se comprende que estos intelectuales vivan como amenazas a su ideal de república moral y de armonismo social —al que aspiran y por el cual obran— las convulsiones de fin de siglo (despertar del mundo obrero, agitación de las clases neutras, rupturas regionalistas), que ven como manifestaciones intempestivas de egoísmos clasistas; prueba de que ellos se sitúan por encima de aquellos intereses particulares. Por otra parte, tener que enfrentarse con reales conflictos que agreden sus propias convicciones, pone a prueba, en el calor de la acción, estas mismas convicciones que se matizan sin perder fuerza y, desde luego, se robustecen. Sobre estos aspectos, el más rotundamente explícito es Clarín, sin lugar a dudas.

La *República moral* y las potenciales rupturas de fin de siglo

Sabido es que, a partir de 1890, la imagen de una España entumecida en el «lago de aceite» de la paz canovista, como dice Clarín, se quiebra, pues el país entra en una zona de turbulencias que los historiadores denominan crisis de fin de siglo, con punto álgido en 1898. Pero más grave, para Clarín y los institucionistas —llamémoslos así— que el choque moral del «desastre» provocado por la pérdida de las últimas colonias, son las amenazas de ruptura de la cohesión social y de la cohesión nacional, puestas en tela de juicio por el protagonismo tomado por las organizaciones obreras y, en grado menor, por el conato de salida a la palestra de las clases medias «productoras», las *clases neutras*, según Joaquín Costa, y por las tendencias independentistas o, por lo menos, centrípetas de ciertas regiones. Para quienes luchan por una sociedad de armonía social y por una nación equilibrada en sus componentes regionales, el momento es grave. Cambia la tonalidad general del estilo de Clarín, que, de esencialmente irónica cuando vapulea la imagen vigente de la sociedad canovisto-sagastina y de la institución católica, pasa a un tono serio, cargado de gravedad.

Conviene precisar que, globalmente, la crisis se vive como un momento de desorientación, en el que se mezclan, junto al odio impotente hacia el sistema político corrompido, un complejo de frustraciones y aspiraciones; lo cual desemboca en apresuradas tomas de postura, en posiciones donde se enredan indiscriminadamente amargas nostalgias de un pasado glorioso e inseguras aspiraciones a la modernidad, impidiendo así medir con debida serenidad y lucidez las realidades poco halagüeñas del período. Gran parte de la «literatura regeneracionista» expresa tal desorientación.

Lo que nos interesa poner de relieve es que para Clarín y los demás intelectuales, la crisis es también perturbadora, pero no provoca en ellos rupturas entre el pensar y el obrar. No pierden esa serenidad reflexiva que en Giner particularmente es paradigmática. Y para abreviar, citaremos una frase muy pertinente de Francisco Laporta:

> Van a ser ellos y solamente ellos, los únicos intelectuales de la burguesía española, cuyo programa de realizaciones prácticas (ante todo pedagógicas) se asienta en un ideario filosófico y político muy elaborado, en una concepción del mundo bien construida y perfectamente asimilada (Laporta, 1979, 38).

Añadiremos que su programa de realizaciones prácticas no se limita a la pedagogía, sino que abarca todos los problemas del momento y en particular los problemas sociales y aquellos que atañen a la unidad de la nación.

La unidad de la nación amenazada

La unidad nacional es para Leopoldo Alas un principio intangible. Y lo es para muchos intelectuales «progresistas». Pero, para nuestro autor, la unidad nacional es un principio moral que dimana de la idea superior de nación y que nada tiene que ver con la centralización administrativa, contra la cual se alza a menudo, pues «la han inventado el cesarismo, el despotismo y la reacción» (*La Unión*, 2-x-1878). Clarín afirma, en frase citada más arriba, que el caciquismo se debe a la centralización, idea que explicita en el prólogo a *La Lucha por el derecho*. La centralización es culpa del caciquismo y, con todos los tentáculos del poder central —la policía, los delegados, las comisiones...—, las provincias se encuentran en situación de territorios colonizados (Torres, 1984, pp. 121-122). En 1883, asevera que una de las causas de la crisis social en Andalucía es la tiránica centralización administrativa, pues los representantes del Estado se convierten en procónsules que «explotan y arruinan el país» (Saillard, 2001, pp. 205-209). Sin embargo, piensa que las ramificaciones administrativas del Estado son necesarias, pero solo para mantener relaciones de coordinación y subordinación; por eso mismo no comparte las concepciones federalistas de Pi y Margall, y a pesar del gran respeto que siempre le profesa, hace chacota en 1893 de su constante ideal federalista:

> El señor Pi y Margall quería hace treinta años [...] que España se descuartizara para que cada miembro pensara después si le conviene o no volver a juntarse con los compañeros o entregarse a la vida del protozoario. Pues bien, en 1892, sigue pensando lo mismo de la necesidad de hacernos añicos (*Las Novedades*, 10-III-1892).

Pero Clarín comparte con Pi y Margall el principio de la autonomía regional, que —escribe en 1876— es «la única solución posible de ciertas cuestiones concernientes a las personalidades jurídicas y su relación de coordinación y subordinación» (*El Solfeo*, 29-V-1876). Veinte años después, declara que «nunca ha dicho nada contra el regionalismo armónico» (*La Publicidad*, 7-III-1896).

Su doctrina permanente la formula en 1880 en el prólogo a *La lucha por el derecho*. Es necesario encontrar un equilibrio entre las varias autonomías y el poder central, pues «si predomina la autonomía regional o municipal, la nación se disuelve y el individuo no padece menos, es tiranizado por un tirano local» y «si la autonomía nacional es la que ante todo se procura con menoscabo de los círculos interiores, hay absorción, hay centralismo» (Torres, 1984, pp. 126-127). Equilibrio entre el todo y las partes, armonía: tal es, en efecto, así condensada, la filosofía fundamental del pensamiento de Clarín, aprendida de sus maestros krausistas o, tal vez, reforzada por ellos.

Por eso, cuando en la última década del siglo se agudiza el problema del regionalismo —sobre todo por la fuerza que toman las reivindicaciones catalanas, que, para algunos liberales, conforme pasan los años, adquieren pretensiones poco conformes con el interés nacional—, Clarín lo percibe como un problema grave, porque lo que para él está en juego es el equilibrio de la nación, su sagrado patrimonio moral y espiritual. A quienes pierden la conciencia de sus responsabilidades, dirige severas y repetidas advertencias:

¡Ojo, ojo y ojo! El espíritu de reivindicación política, intelectual, literaria, etc., de la región, de la provincia, es justo y provechoso cuando se encierra en los límites que no dañan a otros intereses superiores. Pero tiene grandes peligros entregado al egoísmo de los señores del *quiero y no puedo*, de los *ratés* de pueblo, de los fanáticos y exclusivistas. Y lo peor que tiene la tendencia de reacción contra los organismos superiores es que, mal entendida, es la forma más funesta de retroceso, porque, por lo menos, aunque de lejos, camina en dirección de la vida troglodítica (*La Publicidad*, 3-II-1896).

Finalmente, ese regionalismo, que significa un salto atrás de la civilización, es una manifestación del egoísmo que, por interés inmediato o por miopía inconsciente, tiende a reducir la fuerza de la unidad nacional.

Cuando aparecen asomos de separatismo, el tono se hace violento, porque «no hay vilipendio bastante para el separatismo». El separatismo, tanto el catalán como el cubano, es un «crimen de leso patriotismo» que, en el caso de Cuba, justifica la guerra. El separatismo no tiene disculpas, pero tal vez una explicación: para Clarín, los separatistas catalanes o cubanos desean la independencia porque no se reconocen en esa España reaccionaria que se empeña en que la España de ayer sea la España de siempre. Los separatistas —se deduce de su decir— son unos extraviados que confunden la madre común con esa España *neo* que tiene la culpa de todos los males: «España se pierde por reaccionaria» (*El Globo*, 12-X-1898).

Para Leopoldo Alas (y puede afirmarse que para la gran mayoría de la minoría intelectual «progresista»), el Estado es un conjunto orgánico en el que las partes están jerárquica y solidariamente vinculadas al todo, pero no según una mecánica centralizadora; lo que da vida al conjunto es un principio espiritual que une la esencia de las partes con el todo y la esencia del todo con las partes. La nación es esta misma *esencia*, o sea, en palabras de Renan que Clarín hace suyas: «La Nación es una gran solidaridad construida por el sentimiento de los sacrificios que se han hecho y los que aún se está dispuesto a hacer» (Renan, 1882). Para Clarín, como para Renan, la nación es un alma. La nación y la sociedad deben ser un conjunto orgánico en el que las partes (las capas, las clases) estén jerárquica y solidariamente vinculadas para el funcionamiento armonioso del conjunto. Toda una aspiración y un deseo, aunque tal concepción pueda abrir una larga y encontrada discusión acerca de ese ideado e ideal *nirvana* social.

No puede sorprender, pues, que a la altura del fin de siglo las reivindicaciones de masas movidas por ideologías de clase sean, para Clarín, potenciales rupturas.

Rupturas clasistas

Cuando en 1890, con motivo de la primera manifestación del Primero de Mayo, se plantea brutalmente la cuestión social en términos de lucha de clases, Clarín, en un primer momento, comparte el temor que se ha apoderado de la burguesía y confiesa que ve como una amenaza «el movimiento actual socialista, a pesar de sus apariencias pacíficas». *Germinal* de Zola le parece como una prefiguración de futuras catástrofes: «Tal vez la historia próxima va a ser un plagio de *Germinal*, pero de esos plagios que matan» (Lissorgues, 2004, 1182). Esta primera reacción es significativa en algún firmante asentado en sus valores humanos y filosóficos, cuya plena realización se proyecta en una sociedad futura armoniosamente organizada en torno a esos mismos valores, y regida por la «natural» *tutela* de los más capaces, moral e intelectualmente. Casi prueba de ello es que, en el mismo artículo, Clarín intenta definir la misión del intelectual ante la nueva situación. En primer lugar, Clarín censura con vehemencia a quienes, como los decadentes, los simbolistas o los escritores modernistas, se apartan de lo que ocurre en torno suyo para crearse egoístamente un mundo propio; tal actitud, «en tales momentos, puede convertirse en un crimen». Es de subrayar que se manifiesta aquí, como siempre, el imperativo de compromiso del intelectual con la vida social y con la historia de su pueblo.

Pero, tras estas primeras impresiones, Clarín procura comprender e intenta hallar alguna justificación a esos «desmanes» en la miseria económica y moral de los trabajadores.

En todo caso, el recelo y la decepción no lo conducen al pesimismo, pues, si por ahora el intelectual no puede actuar directamente, debe seguir preparando «el pisto espiritual del porvenir, la fe o lo que sea de mañana», a fin de que, «cuando esos miles de obreros consigan sus propósitos de descansar algunas horas al día y lleguen a leer, a estudiar y a meditar», pueda entonces ocurrir que «al llamarnos todos hermanos podamos hacerlo racionalmente, es decir, sabiendo que existe un padre, un Dios o una madre, una idea».

Es, en definitiva, un modo de afirmar que lo más importante es encontrar una base espiritual —no necesariamente religiosa— para la fraternidad. La misma exigencia formula Altamira en Altamira (1891) y, cuarenta años después —como se ha señalado más arriba—, Antonio Machado expresa esa misma idea en 1918 (Machado, 1957b). Lo cierto es que, desde 1890 hasta su muerte en 1901, Clarín mantiene abierto el diálogo con las realidades del mundo obrero y con los socialistas (véase Lissorgues, 2004, pp. 153-182 y 633-671), sin que nunca lo invada el desengaño y mucho menos el pesimismo. Y aunque admite que puede haber en la historia momentos de insensatez —como el que evoca en su cuento *Un jornalero*—, pero su fe en el ser humano y en el curso de la historia no decae. El auténtico camino del futuro solo puede abrirlo la voluntad del hombre para, ante todo, mejorarse a sí mismo y, conjuntamente, luchar contra los obstáculos sociales que se oponen a su plena realización humana, cuya primera condición es la conquista del Derecho, es decir, de la justicia. Clarín expresa así la opinión y el sentir de casi todos los intelectuales «progresistas» que, si bien se muestran recelosos ante la nueva fuerza social que representa el movimiento obrero, tienen conciencia de estar mejor preparados que otros para comprenderlo.

En efecto, desde los primeros años de la Restauración, fueron ellos los más activos defensores de los derechos del pueblo trabajador del campo y de la ciudad: ese pueblo que acampaba en los marginados *Campos del Sol* de Vetusta. Un pueblo que, sin embargo, no conocían realmente por no acercarse demasiado a él, como muestra la serie de artículos que el joven catedrático de Economía Política Leopoldo Alas dedica a los disturbios en Andalucía en torno al asunto de «la Mano negra» (véase, Saillard, 2001). Ahora bien, en lo que respecta a la defensa moral y jurídica del «pueblo bajo», Clarín y los intelectuales afines están en primera fila. Su humanismo, su agudo sentido de la justicia y, sobre todo, su preocupación por la armonía social por conquistar, les lleva a plantearse —a partir de su concepción filosófica del Derecho— los problemas relativos a la situación moral y material del entonces llamado *cuarto estado* (véase Díaz, Elías, 1973).

Es a Clarín, no cabe duda, a quien se debe la más voluntariosa defensa del derecho del pueblo. En su prólogo a *La Lucha por el derecho,* de Ihering, traducido en 1881 por Adolfo Posada, sienta con claridad y vehemencia las bases teóricas de la progresiva emancipación del *cuarto estado* por medio de la instrucción y la educación y, si es necesario —hasta por imposición más o menos violenta— mediante la intervención del Estado: «El derecho debe proceder de la conciencia ética de cada individuo», cuando no es así, es decir, cuando priva el egoísmo, «bueno es que el Estado haga que se cumpla el derecho, imponiéndolo por coerción» (Torres, 1984, p. 111).

Es evidente que Clarín y los intelectuales «progresistas» se atribuían entonces, frente al pueblo, un papel rector que hoy calificaríamos de paternalista, pero que para ellos, antes de que estuviera organizada la clase obrera, era un cometido ético de *tutela* necesaria. No menos evidente es que no ponían en tela de juicio las estructuras sociales de clases jerarquizadas, clases que ellos llamaban «organismos» sociales. Luchaban, y siguen luchando, contra las injusticias de la actual sociedad para reformarla «moralizando la vida», con miras a la lejana *República moral*, en la que se borrarían los antagonismos sin que desaparecieran los organismos (las clases).

Lo que Clarín llama *República moral* es la expresión política de la concepción sociológica del organicismo armónico krausista, sin otra diferencia sustancial que la referencia a la forma de gobierno más adecuado (*Res pública*). Esta rápida vuelta atrás, antes de 1890, era necesaria para mostrar que, frente a los problemas sociales concretos del fin de siglo, no cambia la concepción organicista, a partir de la cual se enjuician dichos problemas y se determinan las respuestas.

Prueba de ello es su posición frente al movimiento de los «pequeños productores» (que, en fin, pertenecen a su propia clase media), en el que toma parte activa Joaquín Costa, institucionista y amigo de muchos institucionistas. Para Clarín, la agitación de las *clases neutras* no pasa de ser un epifenómeno que, sin embargo, choca con su concepción social y provoca en él una reacción significativa. Aunque le parecen oportunas las reformas técnicas y pedagógicas preconizadas por Costa, se muestra más reticente ante los programas de las Ligas de Productores y Cámaras de Comercio, que le parecen demasiado corporativistas y demasiado encerrados en intereses de clase. Vehemente como nunca, denuncia Clarín el egoísmo de esos comerciantes que «toman el país por un almacén» y critica a Costa que quiera supeditar el regeneracionismo ideal y espiritual al pragmático regeneracionismo «hidráulico». Es peligroso —dice— invertir los valores; son necesarias las reformas técnicas, pero dominadas por las ideas y supeditadas a los valores culturales y éticos. Es peligroso —añade (con premonitoria intuición histórica)—, cuando la ambigua Unión Nacional reivindica un papel político, dejar que asomen sin combatirlos retazos de ideas (antiparlamentarismo, antiintelectualismo, necesidad de una dictadura, retórica de la negación y de la fuerza, etc.) que, añadiremos, al juntarse serían ya anticipación de esa «retórica de los puños» clamada por José Antonio Primo de Rivera (véase Lissorgues, 2004b, pp. 142-153 y 775-835). Ninguna clase —dicen Clarín y Giner, después de Spencer— puede pretender por sí sola representar a la nación.

A modo de conclusión… abierta

Hemos desarrollado preferentemente esta posición de Clarín —y de la mayoría de los intelectuales «progresistas», no lo olvidemos— frente al problema de la nación y a la cuestión social en el fin de siglo, porque es altamente significativa de una concepción claramente definida de la nación y de la sociedad. Concepción que en aquella época se enfrenta con problemas «concretos» que perfilan una imagen insatisfactoria, por conflictiva, de la España del momento. No es Clarín revolucionario, no quiere revolución, porque piensa que la violencia acarrea más daños que beneficios, sin resolver finalmente el fundamental problema individual y, desde luego, social. La reforma intelectual y moral solo la puede propiciar la instrucción, la educación y la cultura: «La *cuestión de España* es la educación y la instrucción de los españoles» (*La Correspondencia*, 6-VI-1892), en la que está muy empeñado y a la que dedica numerosos artículos y, en 1890, un Folleto literario, *Un discurso* (véase Lissorgues, 2004b, pp. 897-1045).

Excusado es decir que esa constante y aguda atención a todos los problemas de España, que todos esos esfuerzos para mejorar la imagen del país y asentar las bases de un futuro más digno, más justo, más humano, proceden de un profundo amor a la patria. Todo lo dicho —y mucho de lo no dicho— en estas páginas podría caber en otro estudio titulado «Patriotismo».

En definitiva, para Leopoldo Alas, la idea empujada por una voluntad comprometida en una ética sin concesiones va dibujando, en sobreimpresión, los contornos de la imagen de otra España: la de una *República moral*, armoniosamente equilibrada en sus varios «organismos» por un derecho y una justicia que garanticen para todos los individuos las posibilidades de pleno desarrollo intelectual y moral; así como el libre ejercicio del culto religioso elegido o la libertad de no creer, sin que el Estado, totalmente laico, intervenga en asuntos que relevan de la conciencia individual de cada ciudadano.

«¿Utopía de hoy?», como escribía don Urbano. Sí, como siempre, cuando un deseo se proyecta en el futuro. Pero no se trata, para Clarín (y los demás), de una utopía literaria como, pongamos por caso, la de Thomas More, fijada una vez para siempre, para que se lea o se estudie como mero producto de un pensamiento y de una imaginación, sino de un pensar que, arrancando de una triste imagen de la España vivida, proyecta en el futuro la imagen de otra España, más auténticamente humana.

Este pensar, como lo dice la forma verbal, es inseparable de la acción que, paso a paso, en todos los campos —el social, el religioso, el de la instrucción y la educación, el político, el nacional—, cuando el terreno lo permite, traza y cava el surco hacia un Norte donde apunta otra imagen de España más digna y más convivial.

Leopoldo Alas y sus numerosos amigos, activa minoría, no son ingenuos; saben que el camino de la historia —como la vivida en su recorrido— es escabroso, hecho de subidas y bajadas, lleno de baches. Pero creen también que «al andar se hace el camino», como dice Antonio Machado, y que ese camino hacia un mundo cada vez mejor no se acaba nunca.

Eso creían, ¡dichosos ellos!, y nosotros, con cierta perspectiva, vemos ahora como un sueño lo que creían.

¿Estaremos, en los inicios del siglo XXI, en el último de los numerosos baches que rompen con suma violencia la línea temporal del siglo XX?

Es verdad que, en nuestros tiempos de un acéfalo e inhumano «darwinismo social» (del cual el sabio Darwin no tiene la culpa), el pensar y el obrar de Leopoldo Alas, y de los intelectuales «progresistas» del siglo XIX, nos pueda parecer como una poesía de la historia.

Sin embargo, si tenemos en cuenta la relatividad de las cosas de la Historia y hablamos en *imperfecto,* como balance de la contribución de estos intelectuales al advenimiento de una España democrática, podríamos aceptar estas palabras con las que Elías Díaz concluye sus estudios sobre la filosofía del Derecho de Giner y Clarín:

> En ese criterio de justicia se alojaban posibilidades que de haber sido plasmadas en el Derecho y en la sociedad, en concreto en la sociedad española de la época, hubieran permitido (y en parte de hecho permitieron) evoluciones importantes de verdadero sentido progresivo tendentes a suavizar primero y a superar después un buen número de privilegios y desigualdades tradicionalmente arraigados en nuestra sociedad (Díaz, Elías, [s. a.], p. 98).

Sobre todo, no debería olvidarse que de ello «salió el profundo impulso renovador intelectual y político que condujo, entre otras cosas, a la Segunda República (*ibid.*, p. 96). Más aún, a propósito de la transición democrática, a la altura de los años de 1980, escribe Emilio Alarcos Llorach:

> Si [...] el país ha logrado «re-unirse» [...] lo debemos a aquellos hombres vocacionalmente grises que a todo antepusieron la humildad, la rectitud, la verdad, la discreción. Ni la universidad, ni la ciencia, ni la sociedad en general (con todos los defectos inherentes a la penetración del insaciable consumismo) serían lo que son sin la labor callada, honda y desinteresada de los hombres de la Institución (Alarcos, 1983, p. 10).

Referencias de obras citadas

ALAS, Leopoldo (1985), *«Juan Ruiz» (Periódico humorístico)* [8 de marzo de 1868-14 de enero de 1869], transcripción, introducción y notas de Sofía Martín-Gamero, Madrid, Selecciones Austral (134), Espasa-Calpe.

— (1881). Prólogo a Rodolfo von Ihering, *La lucha por el derecho*, versión española de Adolfo Posada, Madrid, Librería de Victoriano Suárez; Torres, 1984, pp. 103-132.

— (1892). Prólogo a Adolfo Posada, *Ideas pedagógicas modernas*, Madrid, Victoriano Suárez; Torres, 1984, *op. cit.*, pp. 172-181.

— (1893). Prólogo a Tomas Carlyle, *Los héroes: el culto de los héroes y lo heroico en la historia,* traducción de G. Orbón, Madrid, Manuel Fernández y Lasanta; Torres, 1984, pp. 188-201.

— (1900). Prólogo a José Enrique Rodó, *Ariel*; Torres, 1984, pp. 231-237.

— (1901). «Renan», en *Siglo pasado*, Madrid, Antonio López, pp. 43-52.

— *Obras completas, Artículos*, editados por Jean-François Botrel e Yvan Lissorgues, Oviedo, Ediciones Nobel, seis tomos:

V (1875-1878), VI (1879-1882), VII (1882-1890), VIII (1891-1894), IX (1895-1897), X (1898-1901).

BECARUD, Jean (1964). *«La Regenta» de Clarín y la Restauración*, Madrid, Cuadernos Taurus.

BESER, Sergio y Laureano BONET (1966). «Índices de las colaboraciones de Leopoldo Alas en la prensa barcelonesa», Oviedo, *Archivum*, t. XVI, 1966, pp. 157-211.

BOTREL, Jean-François (1972). *Preludios de Clarín*, Oviedo, Instituto de Estudios Asturianos.

DÍAZ, Elías (1973). *La filosofía social del krausismo español*, Madrid, Cuadernos para el diálogo.

— [s. a.], «La filosofía jurídica de los krausistas españoles», en *Apuntes de clase de 'Clarín'»*, recogidos por José María Acebal, comentarios de Luis García-San Miguel y Elías Díaz, Oviedo, Caja de Ahorros de Asturias.

— (1998). «Krausismo e Institución Libre de Enseñanza: pensamiento social y político», en Yvan Lissorgues y Gonzalo Sobejano (coord.), *Pensamiento y literatura en España en el siglo XIX. Idealismo, positivismo, espiritualismo*, Toulouse, Presses Universitaires du Mirail, pp. 335-348.

GARCÍA-SAN MIGUEL, Luis (1973). *De la sociedad aristocrática a la sociedad industrial en la España del siglo XIX*, Madrid, Cuadernos para el diálogo.

— (1987). *El pensamiento de Leopoldo Alas, «Clarín»*, Madrid, Centro de Estudios Constitucionales.

GINER DE LOS RÍOS, Francisco (1969). «El concepto de la persona social», en *Ensayos*, selección, edición y prólogo de Juan López Morillas, Madrid, Alianza, pp. 202-208; *La perona social. Estudios y fragmentos*, Madrid, Espasa-Calpe, 1924.

GONZÁLEZ SERRANO, Urbano (1881). «¿Existe filosofía popular?», en *Ensayos de crítica y de filosofía*, Madrid, Aurelio J. Aleria.

LAPORTA, Francisco (1979). *Adolfo Posada: política y sociología en la crisis del liberalismo español*, Madrid, Cuadernos para el diálogo.

LISSORGUES, Yvan (1980). *La producción periodística de Leopoldo Alas (Clarín), Índices*, Toulouse, Université de Toulouse-le Mirail.

— (1996). *El pensamiento filosófico y religioso de Leopoldo Alas, Clarín*, Oviedo, Grupo Editorial Asturiano; edición anterior, Paris, Editions du CNRS, 1983.

— (1999). «Los intelectuales españoles influidos por el krausismo frente a la crisis de fin de siglo (1890-1910)», en Enrique M. Ureña y Pedro Álvarez Lázaro (eds.), *La actualidad del krausismo en su contexto europeo*, Madrid, Fundación Duques de Soria, Universidad Pontificia Comillas, Editorial Parteluz.

— (2004a). «La producción periodística de Leopoldo Alas, Clarín (1868-1901)», Introducción al tomo VII, *Artículos (1882-1890)*, de *Obras completas*, pp. 7-57.

— (2004b). *Clarín político*, con prólogo de Gonzalo Sobejano, Oviedo, Ediciones KRK; ediciones anteriores: Barcelona Lumen, 1989, 2 vols.; Toulouse, Université de Toulouse-le Mirail, dos vols., 1980, 1981.

— (2007). *Leopoldo Alas, Clarín, en sus palabras (1852-1901). Biografía*, Oviedo, Ediciones Nobel.

MACHADO, Antonio (1957a). «Carta a Unamuno, ¿1913?», en *Los complementarios y otras prosas póstumas*, ordenación y nota preliminar de Guillermo de Torre, Buenos Aires, Losada, pp. 163-168.

— (1957b). «Sobre una lírica que pudiera venir de Rusia», *Los complementarios*, pp. 146-148.

— (1957c). «Discurso de ingreso en la Academia de la Lengua», *Los complementarios*, pp. 105-129.

MARTÍNEZ-OTERO, Valentín (2001). *El pensamiento político y social de Clarín a través de sus cuentos,* Madrid, Espiral Hispano Americana.

PÉREZ GUTIÉRREZ, Francisco, *El problema religioso en la generación de 1868 (Valera, Alarcón, Pereda, Pérez Galdós, «Clarín», Pardo Bazán, ...),* Madrid, Taurus, «Clarín»: pp. 269-338.

RENAN, Ernest (1882). *Qu'est-ce qu'une Nation?,* conferencia publicada en 1887 en *Discours et conférences.*

RICHMOND, Carolyn (2000). Introducción a Leopoldo Alas, *Cuentos completos,* Madrid, Alfaguara, pp. 13-82.

— (2003). «Aproximación a la narrativa breve de Clarín», Introducción a Leopoldo Alas, Clarín, *Narrativa breve,* tomo III de *Obras completas,* pp. 7-88.

SAAVEDRA, Luis (1987). *Clarín, una interpretación,* Madrid, Taurus.

SAILLARD, Simone, 1974, *Leopoldo Alas (Clarín), collaborateur du journal «El Día». Du journalisme au roman,* Thèse pour le Doctorat d'État, Université de Toulouse-le Mirail, 1974.

— (2001). *El hambre en Andalucía,* edición crítica, estudio preliminar [132 páginas] y notas de..., Toulouse, Presses Universitaires du Mirail.

SOBEJANO, Gonzalo (1985). *Clarín en su obra ejemplar,* Madrid, Castalia (particularmente, «Vida de Leopoldo Alas. Su labor periodística», pp. 11-37).

TORRES, David (1984). *Los prólogos de Leopoldo Alas,* Madrid, Playor.

VALIS, Nöel (1986). *Leopoldo Alas (Clarín), an annotated bibliography,* London, Grant & Cutler Ltd.

— (2002). *Leopoldo Alas (Clarín), Supplement 1,* Research Bibliographies and Checklist: New series 2, London, Tamesis.

CAPÍTULO 5

Leopoldo Alas, Clarín: un español universal en el panorama europeo

El entusiasmo, o al menos un dinamismo intelectual —no pocas veces afectivo—, caracteriza la relación de Alas con las ideas nuevas; esas que, según él, merecen estudiarse y asimilarse.

Nadie negará que Leopoldo Alas vive con entusiasmo el mundo literario de Víctor Hugo, Renan, Carlyle, Goethe, Baudelaire, Zola, Tolstói, Nietzsche, etc.; incluso cuando la razón crítica, siempre alerta, le empuja a combatir las ideas propugnadas por estos mismos autores. Y miel sobre hojuelas si las ideas se envuelven en formas artísticas. En 1898 confiesa que Zola es uno de los hombres que más ha impactado en su vida: «No siento —añade— haber vivido la vida original del espíritu con algún gran entusiasmo por un *héroe*, como Carlyle diría» (1). Después, en el mismo artículo, enumera en tono exclamativo: «¡Cuántos héroes, cuántos maestros, invisibles para mí, admirados con entusiasmo […]!». Cita a Chateaubriand, Leopardi, Víctor Hugo, Alejandro Humboldt… y también a Renan, Carlyle, Goethe y tantos otros. Para no multiplicar los elementos anecdóticos, recordaré que al principio de esta conferencia evocaba lo que experimentó Clarín al leer *Le Prêtre de Némi* de Renan; pues a tanto llegó su entusiasmo que le empujó a proponer al editor traducir en ocho días la obra publicada en París unas cuantas semanas antes, porque este drama es

—escribe— importantísimo, muy intencionado tanto para Francia como para España (2). Otras muchas anécdotas, tal vez más significativas, podrían citarse para mostrar que Alas se mueve en el panorama europeo del fin de siglo motivado por un dinamismo que, por sí mismo, es entusiasmo intelectual.

Para comprender y apreciar las relaciones de nuestro autor con los escritores, las obras y las corrientes europeas, es necesario interrogarnos previamente, hasta donde sea posible, sobre el origen y la naturaleza de ese entusiasmo que, en buena parte, es fruición intelectual, sazonada —él mismo lo reconoce alguna vez— con su pizca de vanidad. Parece nacer de la conjunción armoniosa entre una insaciable curiosidad, bien asentada en la conciencia de la propia cultura, y una capacidad fuera de lo común para asimilar nuevos elementos culturales. Para que esté completa esta esencial semblanza intelectual, hay que añadirle una conciencia crítica siempre activa en el mismo trabajo de reflexión. Pero hay más: en cuanto cobra forma esta dinámica intelectual interna, se exterioriza en palabras para que lo de dentro —en vías de enriquecimiento personal— vaya dedicado a los lectores, a los demás. Los artículos de Clarín se dirigen siempre a un interlocutor, que puede ser el lector anónimo de *Madrid Cómico* o de *Los Lunes de El Imparcial*, o el engreído Brunetière, los admirados Zola y Galdós, los queridos Renan, Giner o Castelar, etc. Siempre es un yo que se dirige a un tú, pero un tú que se ensancha en un vosotros, para alzarse hacia un nosotros, a la vez nacional y universal. Eso se llama altruismo, valor supremo en Leopoldo Alas; esta concepción altruista de la alteridad, voluntaria negación del egoísmo, superación del egotismo, está estrechamente vinculada con otro valor supremo, el de interioridad, que puede definirse como el conocimiento y ensanchamiento de la propia conciencia.

Tal es el talante intelectual y moral de Leopoldo Alas, desde que tiene uso de razón hasta sus últimos días.

Desde su ciudad de tercer orden, y para sus conciudadanos, está presente en todos los debates literarios, filosóficos y, hasta cierto punto, científicos que se abren en Europa. Sus artículos son páginas y páginas de un diálogo que no cesa con cuantas personalidades expresan en Europa ideas o sentimientos que merezcan atención. Pero se trata, como se ha dicho, de un diálogo de sordos, pues a Clarín nadie le oye. Sus palabras nunca llegan al interlocutor del Norte. Renan nunca sabrá nada de él; ignorará que Clarín, allá, en el Sur, toma su defensa ante los injustos ataques que le prodigan, respectivamente, Deschamps y Brunetière en *Le Figaro* y *La Revue des Deux Mondes*.

Cuando estos detractores quieren hacer del autor de *La Vie de Jésus* uno de esos positivistas del «último desencanto», Clarín afirma, pocas semanas antes de la muerte de su *héroe*, que es «uno de los mejores maestros de las modernísimas tendencias del espíritu filosófico europeo en el sentido de un gran renacimiento de idealidad» (3).

El hábil, pero vanidoso, reaccionario y poco auténtico Brunetière nunca oirá las tan merecidas advertencias y censuras que incansablemente le dirige. Tampoco Fouillée, Guyau, el malogrado Hennequin y toda la pléyade de críticos y filósofos más o menos nuevos que animan el renacimiento idealista y espiritualista del fin de siglo —Rod, Lachelier, Renouvier, Boutroux, etc.— tendrán noticias de Leopoldo Alas.

Y Zola, a pesar de haber repetido lo que le dijo un día Savine —que «Monsieur Clarín est le critique qui m'a le mieux compris en Europe»—, no sabrá que, efectivamente, Clarín fue el más pertinente y el más profundo conocedor de su obra. Tanto peor para él, y tanto peor para los futuros estudiosos del autor de *Germinal,* que «descubren», casi terminado el siglo xx, lo que el desconocido crítico de Oviedo supo ver —y con entusiasmo— en el momento mismo en que Zola construía su monumento. Volveré sobre la lectura clariniana de Zola, pues es uno de los posibles ejemplos significativos para mostrar que Clarín está por encima de su tiempo.

Dialogar y debatir durante toda una vida con personas que ni siquiera se enteran de la existencia de quien habla parece el colmo de la abnegación; aunque, en realidad, revela el entusiasmo desinteresado por las ideas y, también, el deseo —hasta cierto punto gratificante— de ser útil a los miembros de la propia colectividad, o sea, al pueblo español.

Puede parecer insólito atrevimiento abordar las relaciones de Clarín con el rico caudal cultural europeo a partir del entusiasmo que en él suscitan las nuevas ideas. Sin embargo, como se acaba de explicar, el entusiasmo de Clarín es el motor psicológico —a la vez causa y efecto— de la plasmación en palabras de la asimilación de las ideas. Y no solo de las ideas; pues es fácil distinguir dos niveles de entusiasmo: uno nace del mero juego de las ideas, de la vibración de las neuronas cerebrales; el otro es mucho más complejo, mucho más profundo, pues las ideas siguen también las ramificaciones afectivas de las neuronas del corazón.

Hay que recordar lo que escribe nuestro autor al respecto: «También —dice— debe de haber neuronas del corazón, cabelleras sentimentales para hacerse cargo de esas vibraciones más íntimas de los seres, que son como su música recóndita, a la que solo se llega por la estética. Y el hombre que no comunica por *hilos infinitos* con ambos aspectos de la realidad no la penetra» (4).

He aquí, al respecto, una confesión de Leopoldo Alas que excusa cualquier comentario: en 1892 dice que «va a escribir un folleto literario titulado *Mi Renan*», inspirado en la lectura de la obra, «lectura hecha con toda el alma, con el corazón abierto a los efluvios de simpatía que estas páginas emanan como un perfume» (5).

No pueden situarse, pues, en un mismo plano los trabajos que son resultado de un entusiasmo meramente intelectual y los que proceden de una entusiástica adhesión, de una coincidencia afectiva.

Fruto del entusiasmo intelectual es, por ejemplo, el largo artículo titulado «El estilo en la novela», magistral estudio de literatura comparada en el que se busca, con clara y vigorosa argumentación, la mejor forma de crear la ilusión de realidad en la novela, a partir del análisis de los estilos de Stendhal, de Flaubert, Zola, y de Alarcón, Pereda y Galdós (6).

Con igual entusiasmo intelectual se encadenan las ideas sobre la libertad, el libre examen, el centralismo, el regionalismo, el federalismo, nacidas al calor de la lectura de *La lucha por el derecho,* de Ihering.

La comprensión del naturalismo y de lo que puede representar como movimiento literario renovador para la novela española da lugar a la inmediata y entusiasta explicación, en *La Diana,* de lo que es el naturalismo, de lo que debe ser para España esa corriente moderna y particularmente oportuna, que viene realmente a su hora.

Cuando pone reparos a la doctrina de Zola, lo hace con un entusiasmo que nace de la profunda convicción de una certidumbre.

En el caso de Renan, Victor Hugo, Zola creador y poeta, Carlyle, Tolstói, etc., la lectura de la obra lleva a la comprensión del autor; más que de entusiasmo, se trata de una profunda comunión en simpatía, a partir de las ideas compartidas hasta la inefable poesía de la unión de las almas.

Lo notable de Clarín es su intuitiva capacidad para comprender el alma de quien profesa ideas totalmente opuestas a las suyas. Es el caso de su lectura de Baudelaire, como ha explicado Josette Blanquat, y de Leopardi; también, algunas veces, Nietzsche, por sorprendente que parezca:

Cuando en *Más allá del bien y del mal,* creo, nos habla de la angustia y del terror del que ha matado a Dios, aparece sublime Nietzsche en aquel misticismo negativo, y nos revela, mejor que muchos apologistas vulgares, todo lo que es para el alma y su equilibrio la creencia en la explicación del mundo por lo divino (7).

De todas formas, en nuestro autor permanece siempre alerta la conciencia crítica, por lo que la admiración y la veneración no impiden las discrepancias.

El caso de Paul Bourget es algo distinto. El autor de *Le Disciple* es para Clarín una personalidad eminente —aunque representativa del *beau monde* de París—, en la que sigue con interés su evolución hacia cierto idealismo espiritualista. Pero Leopoldo Alas mantiene con él cierta distancia, no se implica mucho en su mundo y no puede hablarse, en este caso, de entusiasmo afectivo. Todo el interés se centra en la interacción entre el autor de *Siglo pasado* y el de los *Essais de Psychologie contemporaine* (1885).

Ya que acabo de citar a *Siglo pasado,* aprovecho la ocasión para insistir en el hecho de que, conforme pasan los años y conforme crece —como es bien sabido— el interés de Alas por la filosofía y lo espiritual, su pensar es más profundo y más fina su sensibilidad. Es verdad que la enfermedad le debilita el cuerpo, pero, en contrapartida, parece que le ensancha la conciencia y aviva sus capacidades intuitivas. Además, hablar de senilidad para un hombre de cuarenta y cinco años exige demostración; más aún cuando, a esa edad, es capaz de escribir sus más conmovedores cuentos, sus más profundos ensayos, como lo son «Cartas a Hamlet» o «La Leyenda de Oro», pongo por caso, dos florones de *Siglo pasado*.

Entusiasmo, pues, que surge en general de la jubilosa comprensión de las ideas nuevas y, en algunos casos privilegiados, de su simpatía por grandes individualidades europeas. Entusiasmo latente, y no del todo formulado, que merece profundizarse (otra perspectiva abierta) y que, no pocas veces, parece brotar de la maravillada revelación de algo suyo. Muchas de las ideas que toman forma viva con la lectura de obras de Renan, de Carlyle, de Bergson y de otros autores, informaban el pensamiento de Leopoldo Alas de manera más o menos embrionaria. Por ejemplo, la lectura de Carlyle favorece su reflexión sobre el misterio de la realidad y contribuye a la clara emergencia de una concepción que, aunque suya, no había encontrado hasta entonces su justa expresión. El pensamiento de Carlyle le permite decir que el verdadero realismo consiste en ver ante todo el misterio, no solo como misterio, sino como realidad (8). También Carlyle fortifica la idea —nueva en él, a pesar de León XIII, y nunca del todo plenamente aceptada— del futuro papel histórico del catolicismo.

En cuanto a revelaciones y a influencias más profundas, nadie —aparte de Giner de los Ríos— tiene mayor relevancia que Renan, todo un iniciador de Clarín en sus cada vez más importantes problemas religiosos. *La Vie de Jésus* tiene enorme influencia y marca un giro en el ser espiritual de don Leopoldo, apasionado en adelante por la dimensión histórica de las leyendas religiosas y al acecho de todo lo que puede ensanchar el conocimiento al respecto. Así es como encuentra al ruso Afrikan Spir, al italiano Roberto Bonghi, al Padre Didon, al agnóstico y brutal David Friedrich Strauss, etc. Enorme es también la influencia de la *Historia del pueblo de Israel,* de la que extrae el concepto de nacionalismo religioso, solo latente antes de la lectura de la obra. Del mismo modo, la poesía del cristianismo primordial en la historia del mundo occidental —al cual declara adherirse en el famoso estudio de la obra *La Unidad Católica* de su colega Víctor Díaz Ordóñez— parece tener su germen en el *«dialogismo optimista y contradictorio»* de Renan (9).

De Nietzsche, «del desgraciado pensador alemán he escrito yo en España mucho antes de que nadie pensara en traducirlo por acá» (10). Nietzsche es un filósofo fragmentario y asistemático, como Clarín —guardando las proporciones—; y, del mismo modo que el autor de *La Regenta*, se entera de la cultura francesa a través de *La Revue des Deux Mondes* y de *Le Journal des débats*. Nietzsche es un pensador estimulante y «admirable no pocas veces»:

El desgraciado *Zaratustra* vale, como artista genial y pensador independiente, mucho más de lo que pueden comprender ciertos espíritus mediocres, que piensan por patrón; pero su doctrina general, que, por cierto, Tolstói califica de perversa en *Resurrección* […], su doctrina general es muy peligrosa para los *snobs* de la filosofía […] y ya empieza a hacer estragos entre cierta parte de nuestra juventud literaria. El señor Pompeyo Gener, aunque no joven, es un triste ejemplo de lo que pueden llegar a ser los zaratustroides. Estos filósofos extravagantes, paradójicos, aunque tienen su profundidad y su grandeza, y son muy útiles como acicates […] ofrecen peligro para la educación filosófica en pueblos atrasados, en este punto, como el nuestro (11).

Siempre pionero, Alas es igualmente el primero en España en conocer a Bergson y, al parecer, uno de los europeos que mejor le entiende (12). El entusiasmo suscitado por la lectura de *Les données immédiates de la conscience* (1886) se debe, en cierta medida, a la ampliación explicativa en la obra del filósofo francés de un núcleo fundamental del pensar y del sentir del autor de *El Señor*; es decir, a la conjunción de la intuición y de la introspección. Sobre este punto, determinante para comprender la universalidad de Clarín, remito a los dos artículos críticos sobre *Realidad* de Galdós (13), en uno de los cuales, además, se expresa fugazmente la intuición de lo que será el arte poética de Joyce (14).

Ocurre con Bergson lo que con todos los escritores que entran en el campo de su entusiasmo: don Leopoldo está al acecho de todo lo que escribe el profesor del Collège de France; por ejemplo, *Le Rire* se publica en París a mediados del año 1900, y poco tiempo después, en uno de sus dos interesantísimos artículos significativamente titulados «De fuera», descubiertos por Noël Valis en la revista *Miscelánea*, alude Clarín al «reciente tratado de Bergson acerca de las causas de lo cómico», que —añade — es «filosofía pura… y estética que importa al literato» (15).

Intuición, introspección, memoria, memoria afectiva —todo aquello por lo cual el arte se acerca a los universales del pensar y del sentir— están presentes, vividos y no pocas veces plasmados por Clarín en sus creaciones y en sus ensayos. Proust, aunque desconocido, está al lado (16).

Coincidencias, pues, con los grandes pensadores y creadores europeos, y, gracias a ellas, un entusiástico ensanchamiento del campo de la propia conciencia. Además de *Su Renan (El Renan de Clarín)*, está por escribir *Clarín y Tolstoi* —falta aún en nuestra jornada el estudio comparado de *La Regenta* y *Anna Karénina*—; incluso, sigue esperando forma definitiva *Clarín y Zola*, así como *Clarín, crítico de la literatura francesa*.

Todo se andará…

* * *

Entusiasmo —dentro del cual entra un SIN EMBARGO en mayúsculas,— que purifica y enaltece este mismo entusiasmo. Y es que don Leopoldo, en esa red de grandes ideas universales animadas por grandes espíritus y grandes talentos europeos, no se deja enredar: no se convierte en adepto exclusivo de nadie. En él, la conciencia crítica permanece siempre viva, incluso en los momentos de más íntima coincidencia intelectual y afectiva. Le pone peros a su Renan y peros a Carlyle; a Zola, como vamos a ver, no le aplica el principio de la «justicia de enero».

Un solo ejemplo basta para ilustrar la total independencia de espíritu del pensador de Oviedo (aunque hay material para un folleto), tomado adrede en el terreno de la función del intelectual en sus relaciones con las masas o con el pueblo. Es esta una cuestión en plena actualidad en las últimas décadas del siglo, durante las cuales, en España, se plantea —por motivos evidentes— la cuestión palpitante y peliaguda, para algunos intelectuales liberales, de la tutela de pueblos (17).

Pues bien, Clarín no admite y —con buenos modos— rechaza las posiciones aristocráticas de Carlyle y Renan, y, sobre todo, su desprecio a las masas, que, según ellos, ponen en peligro el progreso ideal y artístico de la humanidad. Dicho sea de paso, uno de los motivos por los cuales Bourget no puede suscitar su entusiasmo es el menosprecio total que siempre manifiesta por el pueblo el autor de *Le Disciple*, quien, en el prólogo de esta novela, escribe que el sufragio universal es «la más monstruosa y la más inicua de las tiranías, pues la fuerza del número es la más brutal de las fuerzas, que ni siquiera tiene audacia y talento» (18).

Sin esperanza, como siempre, de ser oído, cuando se presenta la ocasión, Clarín censura esas posturas dictadas por un elitismo aristocrático, incompatible con su amor al pueblo, a los humildes, a los desheredados. Al uruguayo José Enrique Rodó, un joven escritor que le escucha con afecto, le escribe lo que desearía que llegara a la atención de sus admirados pensadores europeos:

La democracia debe ser la igualdad en las *condiciones,* igualdad de *medios* para todos, a fin de que la desigualdad que después determine la vida nazca de la diferencia de las facultades, no del artificio social; de otro modo, la sociedad debe ser igualitaria, pero respetando la obra de la naturaleza, que no lo es. Mas no se crea que la desigualdad que después determinan las diferencias de méritos, de energías, supone en los privilegiados por la naturaleza el goce de ventajas egoístas, de lucro y vanidad, no: los superiores tienen cura de almas y superioridad debe significar sacrificio. Los *mejores* deben predominar para mejor servir a todos (19).

Se sabe y se percibe que Clarín ha hecho suya la moral social krausista… Otro ejemplo, como nota poética de nostalgia en nuestro mundo de 2001, ante lo que fue un sueño de la Historia, es decir, ante lo que fue y no pudo ser. A la aristocracia del pensamiento de los que, como el mismo Renan, piensan que el renacimiento idealista y espiritualista del fin de siglo no debe ser popular, pues la plebe lo degrada todo, Clarín replica sin titubeos:

Yo creo que sí debe llegar a ser patrimonio de todos, o de los más, por lo menos, esta anhelada restauración progresiva de la vida ideal […] Es cierto que hoy —añade Clarín— esta tendencia cuasi mística a la comunión de las almas separadas

por dogmas [...], esta tendencia a efusiones de inefable caridad que van, como efluvios, de campo a campo, de campamento a campamento [...] estos presentimientos de aurora,
que se vaticina por los estremecimientos de muchas almas,
[...] no son signos generales del tiempo (20).

En Clarín, el entusiasmo, incluso por quienes considera
como padres espirituales, no ahoga la conciencia crítica.
Escribe en 1897: «Mucho admiro y quiero yo al gran Renan,
uno de los hombres que más han influido en mi alma; pero,
francamente, no me explico cómo pudo influir tanto en sus
opiniones un hombre como Berthelot». Para Alas, en efecto,
si este último es un brillante químico, es también un muy
superficial y, por eso, vulgar filósofo. Es que Berthelot es
uno de esos grandes científicos que, a partir de los resultados muy valiosos del método experimental —es decir, a partir de los hechos y exclusivamente de los hechos—, pretenden edificar en torno al sacrosanto nombre de la ciencia una
seudofilosofía que, por un tiempo, fue la forma dominante
del pensar en la Europa más avanzada. La alusión a Berthelot vale aquí como transición para pasar a otro aspecto del
pensamiento europeo generado por el positivismo hegemó-
nico durante casi medio siglo y ante el cual Clarín mantiene
siempre una posición crítica.

* * *

Esta seudofilosofía, que se cree unitaria y totalizadora, pretende tener solución para todo; la fe en la ciencia rechaza,
fuera de campo, cualquier aspiración metafísica o religiosa, lo que, para Clarín, es inconcebible. Está en su derecho; y no viene al caso abrir aquí de nuevo esta importante
perspectiva (21). Lo que sí es oportuno es mostrar cómo el

autor de *La Regenta* somete cualquier novedad, cualquier descubrimiento proclamado desde las alturas europeas como panacea, al análisis de una razón crítica ilustrada —como hemos dicho— por una ingente cultura humanista, reforzada por la interiorización de algunas categorías fundamentales del idealismo krausista.

Excusado es decir, de nuevo, que, frente a las novedades —que no son más que modas—, Clarín está siempre sobre aviso, pues dejarse seducir por los destellos del calidoscopio europeo —sobre todo parisino— es cosa de espíritus superficiales, incapaces de distinguir el oro del oropel; defecto ridículo cuando es manía de unos pocos, como el bueno de Pompeyo Gener, positivista cerrado primero, luego nietzscheano convencido y etc., pero que podría, si se generalizara, falsificar la necesaria modernización nacional. Escribe en 1891: «Soy el primero en reconocer, y siempre lo he dicho, que el arte de una nación vive, en alguna cosa de sus relaciones con el arte de otros pueblos, pero no se ha de llegar al punto de pretender suplir legítimamente la producción nacional con importaciones hechas en crudo, en abundancia y sin asimilación» (22).

* * *

Asimilar es, ante todo, distinguir lo auténtico de lo falso. El caso más ejemplar de lúcida asimilación, de más perfecto discernimiento entre lo bueno y lo falso, es el naturalismo. La afectiva admiración por el genio, por el poeta Zola, nunca embota la razón crítica, ni un momento le deslumbra el entusiasmo que experimenta por ese movimiento tan oportuno para la modernización de las letras españolas, especialmente de la novela —que por entonces estaba en pleno desarrollo en España—.

Como siempre, ante cualquier novedad, se esfuerza por tener un conocimiento completo de la cuestión. Estudia con cuidado todos los trabajos teóricos del autor de *Germinal,* así como sus artículos de crítica; a lo largo de los años, lee todas sus novelas, captando lo más profundo, lo más poético de ellas y, sin regatear su profunda admiración, da cuenta de sus «lecturas» en sustanciosos artículos, porque el público de Galdós es también el público de Zola, y hablar de este es también hacer obra de crítica patriótica. Pero también lo es censurar esas falsas y peligrosas extrapolaciones cientificistas dominantes en el ambiente cultural europeo, de las cuales Zola —siempre débil pensador a pesar de gran poeta— es víctima. El determinismo atávico no pasa de ser una hipótesis difícilmente aceptable para quien tiene fe en las energías espirituales. Desde el principio, en el momento mismo en que lanza su vehemente defensa del naturalismo, combate la idea fundamental de la doctrina de Zola, es decir, la analogía entre literatura y ciencia. Zola «ha venido a caer en el error de creer que el arte debe llegar a ser ciencia» (23).

Lo que es importante poner de realce, cuando se habla en 2001 de Clarín en el panorama europeo, es que la lectura que el autor de *La Regenta* hace de la obra teórica de Zola anticipa en un siglo los «descubrimientos» al respecto de los destacados estudiosos de nuestros días. Henri Mitterand, por ejemplo, muestra atinadamente que el discurso de *La novela experimental* es un «sueño fantasmático» de época (24). Pues bien, Clarín, en 1887, para decir lo mismo, descubre la poética expresión de «lirismo *didascálico*»:

El que no sepa ver en los trabajos críticos de Zola, como en los de todos los grandes artistas de la palabra que han querido sistematizar sus procedimientos [...] cierto lirismo *didascálico*, con sus conatos de científico [...] no puede comprender ciertas enseñanzas que allí existen [...] ni mucho menos aprovechar sin peligro la parte positiva de buena retórica que encierran sus preceptos, envueltos en teorías arriesgadas (25).

Afortunadamente, para el entusiasmo clariniano, Zola novelista es un verdadero artista, un poeta de la realidad. Ya en la última década del siglo, Clarín puede darse cuenta de que sus reticencias y sus rechazos estaban fundados, pues esas teorías, aceptadas un tiempo como verdades inconcusas —sobre las cuales Zola había construido el fresco artístico de la *Historia natural de una familia*— se desmoronan. Lo que hoy debo subrayar es que el oscuro crítico asturiano, siempre ignorado en los proscenios europeos, vio más claro que las lumbreras intelectuales de París. Él supo distinguir lo que en el naturalismo era un paso adelante de la modernidad, de lo que pronto sería caduca hojarasca (26).

Otro ejemplo de la perspicacia de Clarín, que revela su constante presencia en el panorama europeo, no solo en el debate de las grandes ideas, sino también en la percepción de los motivos y de los mecanismos modernos de promoción literaria, es la explicación que da de la repentina moda, en el moderno *umbiculum terrae* que sigue siendo París, de la literatura rusa. Escribe en 1889:

Rusia, por ejemplo, ha merecido ser el tic literario de París durante estos últimos años; mas, aparte de la intensa impresión que una literatura hermosa [...] llena de esperanza de ideal [...] haya podido producir en algunas almas reflexivas, generalmente las menos vocingleras, el prurito rusófilo no ha sido más que un arranque del neurosismo del *boulevard*, algo ficticio y que ya empieza a decaer. En los más, el amor a las letras rusas [...] obedecía y obedece a causas ajenas a la estética; por ejemplo, el deseo de atraer al gran imperio del zar a una alianza contra Alemania; la complacencia maliciosa de oponer a los novelistas del naturalismo francés triunfante otro naturalismo y otros grandes ingenios que eclipsaran a los de casa [...] porque la envidia triunfa hasta de la vanidad patriótica francesa (27).

* * *

Muy por encima de lo que, en la obra de Clarín, es una especie de anecdotario de la sociedad literaria de París, está su actitud crítica ante las ideas modernas que suelen considerarse bien asentadas científicamente, pero que a él, después de pasarlas por el tamiz crítico, le parecen extrapolaciones empolladas por esas seudofilosofías de los Berthelot, que, como filósofos, son espíritus mediocres, engañados por una fe ciega en los hechos, cuya caricatura rastrera puede ser Monsieur Homais, de Flaubert. De modo fragmentario y conforme le llegan las ideas hasta su atalaya de Oviedo, procesa lo que hoy llamamos cientificismo —que él, por supuesto, no llama así, sino hipótesis dudosas, indebidas extrapolaciones, seudofilosofía— para descomponerlo en el momento mismo en que va viento en popa.

Dos ejemplos pueden bastar para dibujar la categoría superior del pensamiento crítico de nuestro clásico contemporáneo.

Para él, y desde el principio, las teorías de los criminalistas italianos —Lombroso, Ferri, Garofalo— son el paradigma de la estupidez. Los adeptos de la escuela italiana, entre los cuales deben contarse el famoso Max Nordau y a su discípulo Pompeyo Gener, parten del postulado de que existen criminales natos, por lo que se pasan la vida observando cráneos de delincuentes para sacar leyes que permitan detectar al criminal potencial. Los resultados de tales investigaciones alcanzan gran difusión en todos los países europeos y dan lugar a discusiones contradictorias en los sectores especializados *y* aun en el gran público. Para nuestro autor, esas teorías son peligrosas, pues «llevan a extremos insostenibles en filosofía y en derecho ciertas hipótesis, dignas de estudio *y* de respeto cuando se proponen con prudencia» (28). Dicho sea aquí de paso, si esas ideas son peligrosas para la sociedad, lo son también para el arte, pues aplicadas con la brutalidad de los «naturalistas radicales» dan esas espantosas galerías de «bestias humanas» y de carne de horca que llenan los tétricos espacios novelescos de las «novelas médico-sociales».

Y finalmente ¿quién es Lombroso? Una medianía. ¿Qué es su teoría? Una peligrosa superchería, producto de un positivismo de punto final (29).

Donde Clarín se muestra superior a su tiempo es en lo que se refiere a las razas. Lo comúnmente admitido en su época es que hay razas superiores y razas inferiores. Lo afirma la ciencia, y lo repiten los escritores que se precian de estar *al día*. En la nota 2 de la página 147 de *En torno al casticismo* leemos, entre otras cosas, «que son mayores las circunvoluciones en el cerebro humano que en el de los animales, y mayores en el blanco que en las razas inferiores. Y bien puede decirse que el tener el europeo más *periférico* [sic] el cerebro que el negro de África es reflejo de tener Europa más perímetro de costa [...] que el África» (30).

¡Hasta dónde pudo llegar el cientificismo!

Y conste que no cito a Unamuno para censurarlo, pues no hace más que repetir lo admitido por verdad, sino para realzar el discernimiento de Leopoldo Alas. En 1898 se derrama en Francia una ola de antisemitismo a consecuencia del

«Affaire Dreyfus», y Clarín observa que cierta ciencia positiva se conjuga con las antiguas preocupaciones religiosas:

> La pedantería, superficial y llena de suficiencia, llega, en forma de rencor necio, a la muchedumbre, y le hace creer al pie de la letra que nosotros procedemos de Jafet, y que, por ley de raza, por determinismo filogénico, debemos estar muy mal con los descendientes de Sem […] ¡Cuánta locura! […] La ciencia *soi disant* vuelve a proclamar este fatalismo colectivo, esta moralidad de rebaño; júntasen reaccionarios y deterministas para propagar tales doctrinas (31).

El sociólogo positivista Gumplowicz, el reaccionario Brunetière, y el declarado antisemita Drumont, cada cual por distintos motivos, proclaman las diferencias de razas: unas superiores, otras inferiores y algunas malditas. Este confusionismo, más o menos rabioso, resulta para Clarín irracional y peligroso, por lo que no puede admitir que se funde una sociología en la ley de razas, como hace Gumplowicz. El profesor polaco «opina que son varios los orígenes de la humanidad, no cree en la unidad de la especie, y declara que las razas de diferente origen son heterogéneas, que no pueden amarse ni tolerarse, que luchan y lucharán unas con otras».

El colmo del sofisma pernicioso lo ofrece Brunetière, que «cree encontrar en estas teorías puramente mecánicas, materialistas, pruebas fundamentales, científicas de la culpa hereditaria, de la responsabilidad por tribu». En cuanto a Drumont, que desde principios de los años ochenta propala ideas antisemitas en las columnas de *L'Univers*, el periódico integrista católico de Louis Veuillot, es «un fanático rabioso».

A estas peligrosas falsedades, a las que se dan visos de modernidad científica con términos como *fisiología, filogenia* y *determinismo*, Alas opone la saludable doctrina espiritualista de Krause: «Con doctrinas como las de Krause [...] es imposible [...] cohonestar esos anacrónicos odios, esas acusaciones irracionales, a una nacionalidad entera». La teoría positivista de las razas, que se da por moderna, como ocurre muchas veces, es una vuelta atrás, que sería estúpida si no fuera odiosa por instrumentalizarse con fines de dominación y explotación.

Leopoldo Alas, por no haber perdido el sentido de lo humano, escribe en 1898 las siguientes palabras, que hubieran podido meditarse a lo largo de todo el siglo xx:

> Hoy el hombre vive como ser de conciencia que se gobierna por razón y moral; creyendo esto, ¿qué significa perseguir, en concepto de moral, por condiciones fisiológicas, filogénicas, a hombres de raza alguna? (32).

* * *

«Hoy el hombre vive como ser de conciencia...».

De las varias causas que habría que examinar para explicar que Alas estaba, en muchos aspectos, por encima de su tiempo, elegiré una que podría resumirse en la palabra «humanismo». Para Clarín, el ser humano —el que se pinta en las buenas novelas de Rusia, de Francia o del Japón— es el mismo en todas partes y va movido por las mismas necesidades y las mismas aspiraciones. Solo cambia el color del espacio y del tiempo:

> Lo primero no es ser de su siglo ni de su patria; lo primero es ser de todo el tiempo. Más que a España amo yo al mundo, y más que a mi tiempo, toda la historia de esta pobre, interesante humanidad que viene de las tinieblas y

se esfuerza, incansable, por llegar a la luz […]. Por mucho que importen las grandes ventajas de un tiempo determinado de progreso, mucho más significan las cualidades perennes, el gran resultado de toda la historia (33).

Por eso, Europa no es para él el camino obligado para ir a lo universal, sino solo un proceso, un ensanchamiento del universalismo, el suyo propio y el de cada uno. Nunca deberíamos olvidar que, en 1901, Leopoldo Alas otea el porvenir a través de sus valores, que no son primordialmente los que presiden la construcción de nuestra Europa.

La conciencia europea que intuía pensaba que, en el arte, más que otro medio de expresión, se podía captar, dilucidar y sugerir. Por afán de universalismo es por lo que Clarín asimila a Europa, y también por patriotismo, para contribuir a alzar el nivel intelectual del hombre español y de la nación española.

En efecto, en la actual situación histórica, Clarín aboga por el intercambio cultural —«dar a conocer en cada nación lo que otra produce, como tal nación también, sin quitarle nada de su sello peculiar»— y no por el cosmopolitismo, que es «la asimilación de lo extraño hasta el punto de borrar el carácter nacional» (34).

A la altura del fin de siglo, la Torre Eiffel —nos dice en un artículo— es símbolo de la Europa conquistadora, es «símbolo de su tiempo, que también tiene grandeza»; «es sólida, fuerte»; «es bella»; «supone ingenio (no genio), cálculo, atención, previsión, laboriosidad, riqueza».

Sobre este símbolo, que sintetiza la bella prosa de la realidad, Alas superpone otro, deseado y soñado, poético: esa alta torre que «atrae el rayo», «hace desear una gran aguja gótica de piedra, de la que todo ese hierro no fuera más que la andamiada».

La Torre Eiffel «es símbolo de su tiempo, que también tiene grandeza», pero solo si se la puede ver como «cosa interina, preparatoria» de un necesario suplemento de alma (35). En los umbrales del siglo xx, Leopoldo Alas, de cara a la civilización europea, expresa desde Vetusta una convicción y una advertencia: «Opino [...] que la poesía no está llamada a desaparecer, pero que, si nos descuidamos, se nos irá quedando atrás» (36).

Notas y obras citadas

(1) Leopoldo Alas, *Madrid Cómico* (12 de febrero de 1898).

(2) Josette Blanquat y Jean-Francois Botrel, *Clarín y sus editores: las cartas inéditas de Leopoldo Alas a Fernando Fe y Manuel Fernández Lasante, 1884-1893*, Rennes (Université de Haute-Bretagne), 1981, p. 22.

(3) Leopoldo Alas, *Los Lunes de El Imparcial* (5 de diciembre de 1892).

(4) Leopoldo Alas, *Los Lunes de El Imparcial* (11 de marzo, 1895); Yvan Lissorgues, *El pensamiento filosófico y religioso de Leopoldo Alas, Clarín (1875-1901)*, Oviedo, Grupo Editorial Asturiano, 1996, pp. 208-209.

(5) Leopoldo Alas, *Los Lunes de El Imparcial* (5 de diciembre de 1892); Yvan Lissorgues, *op. cit.*, pp. 250-251, n.º 48.

(6) Leopoldo Alas, «El estilo en la novela», *Arte y Letras* (1 de julio, 1 de agosto, 1 de octubre, 1 de noviembre y 1 de diciembre de 1882), la cita figura en el artículo de 1 de julio, 1882; Sergio Beser, *Leopoldo Alas: teoría y crítica de la novela española*, Barcelona (Laia), 1972, pp. 51-86.

(7) Leopoldo Alas, *Madrid Cómico* (15 de septiembre de 1900); Antonio Ramos Gascón, *Clarín, Obra olvidada*, Madrid (Júcar), 1973, pp. 212-216.

(8) Yvan Lissorgues, *op. cit.*, p. 213.

(9) Yvan Lissorgues, *op. cit.*, pp. 116-117, n.º 17.

(10) Leopoldo Alas, *Madrid Cómico* (15 de septiembre de 1900); Antonio Ramos Gascón, *op. cit.*, pp. 212-216.

(11) Leopoldo Alas, *El Español* (30 de marzo de 1900).

(12) Yvan Lissorgues, «Leopoldo Alas, Clarín: un realismo de fronteras», *Simposio Internacional Leopoldo Alas Clarín» conmemorativo de su centenario,* Barcelona (Universidad de Barcelona), 2002.

(13) Leopoldo Alas, *El Globo* (29 de enero de 1890); *La España Moderna,* XV (marzo), XVI (abril); el primer artículo no se ha recogido en libro, el de *La España Moderna* figura en *Ensayos y revistas (1888-1892)* (edición de Antonio Vilanova), Barcelona (Lumen), 1991, pp. 235-263.

(14) «Pensamos muchas veces y en muchas cosas sin hablar interiormente, y otras veces hablamos con tales elipsis y con tal hipérbaton, que, traducido en palabras exteriores este lenguaje sería ininteligible para los demás» (del artículo de *La España Moderna,* citado en la nota 36). Véase Stephanie Sieburth, «James Joyce and Leopoldo Alas: Patterns of Influence»: *Revista Canadiense de Estudios Hispánicos,* VII, 3 (1983), pp. 401-406.

(15) Noel Valis, art. cit.

(16) Yvan Lissorgues, *op. cit.* (2002.

(17) Yvan Lissorgues, «Los intelectuales españoles influidos por el krausismo frente a la crisis de fin de siglo», *La actualidad del krausismo en su contexto europeo,* edición de Enrique M. Ureña y Pedro Álvarez Lázaro, Madrid (Parteluz, Fundación Duques de Soria. Colección del Instituto de Investigaciones sobre Liberalismo, Krausismo y Masonería, n.º 16), 1999, pp. 313-352.

(18) Yvan Lissorgues, *El pensamiento filosófico y religioso de Leopoldo Alas, Clarín (1875-1901), op. cit.*, p. 128. 528

(19) Leopoldo Alas, «Prólogo», José Enrique Rodó, *Ariel*, Valencia (Sempere y Cía), s. a. (¿1900?); David Torres, *op. cit.*, pp. 231-237; *Yvan* Lissorgues, *op. cit.*, p. 129.

(20) Leopoldo Alas, *La España Moderna*, IX (septiembre de 1889); *Ensayos y revistas (1888-1892)*, *op. cit.*, p. 198; *Yvan* Lissorgues, *op. cit.*, pp. 128-131.

(21) Yvan Lissorgues, *op. cit.*, pp. 187-201.

(22) Leopoldo Alas, *La Correspondencia de España* (1 de octubre de 1891).

(23) Leopoldo Alas, «El naturalismo»: *La Diana* (1 y 16 de febrero, 1 y 16 de marzo, 16 de abril, 1 y 16 de mayo de 1882); Sergio Beser, *op. cit.*, pp. 108-149.

(24) Henri Mitterand, *Zola et le naturalisme*, Paris (Presses Universitaires de France. Collection «Que sais-je?»), 1986, p. 33.

(25) Leopoldo Alas, *Mezclilla*, *op. cit.*, p. 169.

(26) Yvan Lissorgues, «Clarín: la modernidad no es una fatalidad», en *Clarín, catedrático de Zaragoza* (edición de Juan José Gil Cremades y Leonardo Romero Tobar), Zaragoza (Servicio de Publicaciones de la Universidad), 2001, pp. 60-76.

(27) Leopoldo Alas, *La España Moderna*, IX (diciembre de 1889); Leopoldo Alas, *Ensayos y revistas* (1892); ed. Antonio Vilanova, Barcelona (Lumen), 1991, p. 203.

(28) Leopoldo Alas, *Los Lunes de El Imparcial* (29 de febrero de 1892).

(29) Yvan Lissorgues, «Leopoldo Alas, Clarín: un realismo de fronteras», *op. cit.*

(30) Miguel de Unamuno, *En torno al casticismo* (introducción de Jon Juaristi), Madrid (Biblioteca Nueva), 1996, p. 147, nota 2.

(31) Leopoldo Alas, *Heraldo de Madrid* (31 de enero, 1898); Yvan Lissorgues, *Clarín político*, t. I, *op. cit.*, pp. 247-252.

(32) Leopoldo Alas, *Heraldo de Madrid* (31 de enero de 1898); Yvan Lissorgues, *op. cit.* p. 249.

(33) Leopoldo Alas, *La Publicidad* (12 de abril de 1898).

(34) Leopoldo Alas, *El Imparcial* (16 de octubre de 1893).

(35) Leopoldo Alas, *La Publicidad* (20 de septiembre de 1889); Yvan Lissorgues, *Clarín político,* t. I, *op. cit.,* p. 213.

(36) Leopoldo Alas, *ibid.*

Procedencia de los capítulos

«Leopoldo Alas, Clarín: lo épico y lo lírico en una escritura fragmentaria», en *Emilia Pardo Bazán: el periodismo,* José Manuel González Herrán, Cristina Patiño, Ermitas Penas Varela (eds.), A Coruña, Fundación Caixagalicia, 2007, pp. 277-293.

«La Naturaleza en la obra de Leopoldo Alas, Clarín», en *La naturaleza en la literatura española,* Dolores Thion Soriano-Mollá (ed.), Vigo, Editorial Academia del Hispanismo, 2011, pp. 101-118.

«Leopoldo Alas, Clarín: un realismo sin fronteras», en *Leopoldo Alas, Clarín, Actas del simposio Internacional,* Antonio Vilanova, Adolfo y Marisa Soleto (eds.), Barcelona, abril de 2001, pp. 15-32.

«Leopoldo Alas, Clarín y la España de su tiempo: Hacia una ética política, social y cultural para la España futura», en *Siglo diecinueve (Literatura hispánica),* n.° 19, 2013, pp. 285-312.

«Leopoldo Alas, Clarín: un español universal en el panorama europeo», en *Leopoldo Alas, Un clásico contemporáneo (1901-2001). Actas del congreso celebrado en Oviedo (12-16 de noviembre de 2001),* Álvaro Ruiz de la Peña, Elena de Lorenzo, Araceli Iravedra (eds.), Oviedo, Universidad de Oviedo, pp. 519-536.

Agradecimientos

Gracias a Ricardo Labra, admirado amigo, por haberme propuesto editar este libro y haberlo seguido en minuciosa lectura hasta entregarlo, ya enmendado, a Helios Pandiella y a Victoria Ocio, editores de Luna de Abajo, a quienes agradezco que hayan aceptado publicarlo.

Gracias a Jean-François Botrel, hermano por Asturias y amigo de toda una vida universitaria, por haber leído el manuscrito y propuesto enmiendas.

Gracias a los colegas y amigos que publicaron, a lo largo de los años, los artículos que son capítulos de este libro: Antonio Vilanova, Adolfo y Marisa Sotelo, José Manuel González Herrán, Dolores Thion Soriano-Mollá, José Manuel Goñi Pérez, José María Martínez Cachero, Elena de Lorenzo, Araceli Iravedra, y mi entrañable amigo Álvaro Ruiz de la Peña.

Gracias al gran maestro Gonzalo Sobejano, siempre vivo en la memoria.

Aprovecho la ocasión para expresar mi profunda admiración a la familia Tolivar Alas: María Cristina y su esposo José Ramón Tolivar Faes, su hija Ana Cristina y su hijo Leopoldo, por haber dedicado su vida a mantener viva la memoria de Leopoldo Alas, Clarín y por haberme manifestado siempre su amistosa simpatía.

Es también ocasión de agradecer a Adrián Barbón, presidente del Gobierno del Principado de Asturias, por haberme otorgado el prestigioso título de Hijo Adoptivo de Asturias.

Y, por supuesto, a Solange, mi mujer, por su ayuda y su paciencia afectuosa a mi lado.

Leopoldo Alas, Clarín, un clásico contemporáneo,
se preparó para su publicación en julio de 2025
en el estudio de Pandiella y Ocio (Oviedo,
España). Se emplearon las tipografías Minion Pro
(Adobe) en la tripa y en la cubierta.